관광객 방문의사결정과정 연구

− 중국 계림시를 중심으로

관광객 방문의사결정과정 연구

— 중국 계림시를 중심으로

金美兰 지음

서 문

　중국의 관광산업은 지속적으로 빠르게 성장하고 있으며 2017년 중국 관광객 수와 관광산업 수입은 세계 1위를 차지할 정도로 국가 지주(支柱) 산업으로 발전하고 있다. 계림은 중국에서 가장 먼저 알려진 관광지 중 한 곳으로 관광객들의 많은 시선을 이끌어내었다. 또한, 중국 정부가 계림을 처음으로 국제관광명소로 건설하고 있는 만큼, 계림은 중국관광산업을 대표할 수 있는 관광지라고 볼 수 있다. 계림은 자연 생태자원, 역사문화, 소수민족 문화 등의 다양한 매력물을 포함하고 있으며 국내 관광객뿐만 아니라 국제 관광객도 이끌어내었다. 이러한 국내외 관광객을 꾸준히 유치하는 것은 계림이 국제관광명소로 발전하는데 기여할 것으로 전망된다. 즉, 어떠한 요인들이 관광객들이 계림을 방문하고자 하는 행동에 영향을 미치는지를 규명하는 것은 학술적 의미뿐만 아니라, 관광정책 입안자나 관광산업 실무자들에게 실질적인 유치 전략을 실행하는데 기여할 것이다.

　따라서 본 연구의 목적은 확장된 목표지향적 행동모형 (MGB)을 적용하여 국내외 관광객의 계림 재방문 행동을 결정하는 주요 요인들의 상대적 구조관계를 규명하는데 있다. 특히, 계림의 특성을 반영할 수 있는 관광지 이미지와 장소애착 두 변수를 기존의 MGB에 도입한 확장된 목표지향적 행동모형으로 국내외 관광객의 계림 재방문 의사결정 과정을 살펴보았다. 이러한 연구를 위해 계림의 대표적인 관광명소인 양소(Yangshuo), 서길(Xijie), 이강(Lijiang), 코끼리산, 은자(Yinzi) 동굴 을 방문한 관광객을 대상으로 설문조사를 수행하였다.

본 연구의 주요 결과로는 첫째, 합리적 행동이론(TRA), 계획행동이 론(TPB)과 목표지향적 행동모형(MGB) 3모형 간의 방문의도의 예측능 력을 비교하며 목표지향적 행동모형(MGB)이 합리적 행동이론(TRA) 과 계획행동이론(TPB)보다 개인의 행동의도를 더 잘 예측하는 것을 밝 혔다. 재방문 의도를 설명함에 있어서, TRA의 경우 (25.4%), TPB의 경 우 (28.1%), MGB의 경우 (66.5%)로 나타나며 MGB가 3개 모형 중에 계림 관광객의 재방문의도를 제일 잘 예측한다는 것을 제시해준다.

둘째, 목표지향적 행동모형(MGB)에 계림관광의 특성을 반영할 수 있는 새로운 관광지 이미지와 장소애착을 추가하여 확장된 목표지향 적 행동모형(Extended MGB)을 적용한 결과 재방문의도에 대한 설명력 이 높아졌다. 재방문 의도를 설명함에 있어서, MGB의 경우 (67.1%), EMGB의 경우 (74.2%)로 나타나며 EMGB가 계림 관광객의 재방문의 도를 MGB보다 더 잘 예측한다는 것을 제시해준다. 여기서 관광지 이미지는 인지적 이미지와 정서적 이미지로 나뉘며 장소애착은 장소의 존성과 장소정체성으로 나누어진다. 2차 요인분석(Second Factor Analysis)을 실시한 결과, 관광지 이미지와 장소애착은 계림방문의도에 대한 중요한 변수라는 것을 시사해준다.

셋째, 본 연구에서는 열망(Desire)과 장소애착(Place Attachment)의 매개역할의 유의성을 밝혔다. 즉, 열망은 지각된 행동통제 및 긍정적 예기정서와 재방문의도 간의 매개역할을, 장소애착은 관광지 이미지와 행동의도 간의 매개역할을 하며 두 변수의 중요성을 시사해준다.

넷째, 긍정적 예기정서(PAE)가 인간행동의 감정적 변수로서 명망에 가장 큰 직접적 영향을 미치며, 행동의도에는 간접적인 영향을 미치는 것으로 나타났는데, 이는 관광객들이 계림을 방문할 때 긍정적인 감정이 매우 중요한 요인이라는 사실이 제시해준다.

다섯째, 지각된 행동통제는 열망뿐만 아니라 재방문의도에도 긍정적인 영향을 미친다는 사실이 본 연구에서 밝혀졌다. 관광객들이 계림방문에 있어서 시간 또는 자금 등의 외부요인들이 열망과 행동의도를 결정짓는 중요한 요인이라는 사실을 제시해준다.

마지막으로 본 연구에서 주관적 규범과 부정적 예기정서는 열망에 유의한 영향을 미치지 않지만 이것은 다른 영향력 있는 변수(태도, 긍정적 예기정서, 지각된 행동통제)에 의한 억제효과 때문이다. 관광객이 계림에 방문에 있어서 주관적 규범과 부정적 예기정서는 열망에 유의한 영향을 줄 수 있는 잠재적 변수가 될 수 있다는 것을 시사해준다.

따라서 본 연구는 열망이 재방문의도에 유의미한 영향을 미치기 때문에 국내외 관광객의 관광지 이미지, 장소애착, 긍정적 예기정서, 태도, 지각된 행동통제에 주의를 기울여야한다는 사실을 밝혀냈다. 관광객 맞춤 관광 상품으로 감정적 요인으로 자극하는 노력이 필요하고, 계림에 대한 높은 인지도를 이용하여 긍정적인 이미지를 강화한다면 열망을 매개로 행동의도를 이끌어낼 것으로 기대된다. 또한 관광객과 계림의 감정연결을 강조하여 관광객의 장소의존성과 장소정체성을 제고하는 것이 바람직하다고 판단된다.

본 연구는 관광객 의사결정과정에 대한 연구한 결과는 계림이 지속적인 관광지를 유지하는데 있어서 실무적 의미가 있다. 연구결과를 따라면 관광지 이미지가 중요한 요소라서 관광지 이미지의 형성과 전달에 초점이 두는 것이 바람직하다. 그리고 관광객의 긍정적인 예기정서를 유도하는 것도 중요하며 새로운 기술(가량 VR등)를 통해 사람의 긍정적인 감정을 넣어두는 것도 바람직하다. 그리고 계림 정부가 교통, 수박등 기초 시설을 든든하게 건설하며 관광객의 방문 장벽을 감소하는 것도 중요한다. 이러한 과정을 통하여 계림이 중국 또는 세계에 중요한 관광지로 지속하게 발전하는 것이 바람이다.

2019년 7월
저자 씀

목차

Ⅰ. 서론

Ⅰ. 서 론

제 1 절

연구배경 및 문제제기

중국의 관광산업은 국가 전략산업 및 지주(支柱)산업으로 선정되었으며, 서비스 산업의 중요한 부분으로 여겨지고 있다(Chinese State Council, 2009, 2014). 또한, 관광산업은 중국 경제에 크게 기여하고 있다. 중국인들은 여행을 즐기며, 이는 2016년 한 해 44.4억 명의 국내 관광객과 10년 동안 연평균 11%의 성장률을 기록한데서 잘 드러난다.(Date of China National Tourism Administration, 2017). 한편, 본 연구의 대상인 계림은 중국의 대표적인 관광지이다. 계림은 중국뿐만 아니라 국제적으로도 잘 알려진 생태관광지로서 2016년 약 5,359만 명의 국내 관광객이 다녀갔으며, 10년 동안 연평균 12%의 성장률을 기록하였다(Guilin Municipal Bureau of Statistics, 2017). 그리고 2013년까지 10년 동안 계림을 방문한 외래 관광객 수는 국내 약 300개 도시 중에서 9위를 차지하였다(Date of China National Tourism Administration, 2014)[1]. 2012년 계림은 국가에서 처음으로 <관광개발계획(NDRC: National Development and Reform Commission)>을 수립한 관광지이며, 중국 내에서 계림에 대한 기대와 선호도가 높은 편이다. 특히, 계림은 초등학교 4학년 교재에 소개되고 있으며 중국인 중 약 90%가 계림을 알고 있을 정도로 인지도가 높다 (Bao, 2017). 계림을 알고 있는 중국인의 80%가 계림을 한 번 방문한다고 가정하면 9.9억 명(중국 총 인구 13.8억명)의 잠재관광객을 예상할 수 있다(Bao, 2017). 또한, 관광지 생명주기에 따르면 계림은 현재 발전기로 정의되고 있어, 관광지로서의 잠재력이 높다고 볼 수 있다(Zhang, 2014).

계림의 대표 관광지인 이강(漓江)은 CNN이 선정한 세계에서 가장 아름다운 강 15곳 중 하나에 꼽히기도 하였다(Guilin Municipal Bureau of Statistics, 2014). 또한, 계림은 카르스트지형(Karst Landform)으로서 다양하고 아름다운 동굴을 보유하고 있어, 2014년 세계자연유산 (World Heritage)에 선정되기도 하였다(The People's Government of Guilin, 2014). 2005년 계림 양속(阳朔)은 이러한 관광지로서의 중요성을 인정받아 중국 내 관광지 중 처음으로 세계관광기구(UNWTO: World Tourism Organization of the United Nations)의 지속가능 관광지의 관찰지역(GOST: Global Observatories on Sustainable Tourism)으로 지정되었다(UNWTO Tourism Sustainability Indicators of National Symposium: Guilin(Yangshuo) Declaration, 2005). 계림 Longsheng에서 계단식 논 계단 시스템(Rice terraces system)이 2010년에 국제연합식량농업기구(GIAHS: Globally Important Agricultural Heritage Systems)에서 지정되었다. 그러므로 계림은 중국 내에서도 잘 알려진 관광지일 뿐만 아니라 세계적

---

1) 2014년부터 도시의 외래 관광객 수치는 통계하지 않음.

인 관광지라고 말할 수 있다.

이러한 측면에서 세계적인 관광지로서의 계림을 방문하는 관광객들이 어떠한 의사결정과정을 통해 이곳을 방문하는지를 체계적으로 분석해보는 것은 학술적 뿐만 아니라 실무적 차원에서 의미 있는 연구라고 생각한다. 그동안 개인의 행동을 예측하는 이론들이 소개되었는데, 여기에는 합리적 행동이론(TRA: Theory of Reasoned Action)과 계획행동이론(TPB: Theory of Planned Behavior)이 포함된다(Ajzen, 1985, 1991). 한편, Perugini & Bagozzi(2001)는 합리적 행동이론(TRA)과 계획행동이론(TPB)을 향상시키고자 목표지향적 행동모형(MGB: Model of Goal-directed Behavior)을 제시하였다. 합리적 행동이론(TRA)과 계획행동이론(TPB)의 한계를 극복하고자 목표지향적 행동모형(MGB)은 예기정서와 열망 변수를 추가하여 행동이론의 설명력을 높이고자 하였다(Perugini & Bagozzi, 2001). 또한 Perugini & Bagozzi(2001)는 목표지향적 행동모형(MGB)의 설명력을 높이기 위해서는 새로운 변수를 추가한 소위 확장된 목표지향적 행동모형(EMGB: Extended MGB)을 제안하였다. 새로운 변수는 본 연구의 대상인 계림 생태관광지의 특성을 잘 반영해줄 수 있는 개념이어야 할 것으로 판단된다.

앞서 설명했듯이, 계림은 초등학교 교재에 실릴 정도로 중국인들에게 긍정적인 이미지가 형성되었을 것으로 여겨진다(Bao, 2017). 이러한 이미지는 계림방문에 대한 태도에 긍정적인 영향을 미치고, 이러한 태도는 계림방문 의사결정과정(열망, 행동의도)에도 영향을 미칠 것이다(이태희, 1997; Park, Hsieh, & Lee, 2017). 또한, 중국인들은 계림에 대해 오랫동안 가져온 애착(Attachment)이 있을 것으로 판단된다. 장소애착은 개인과 특정 장소간의 감정적 또는 심리적인 연결이라고 정의할 수 있다(Tsai, 2012). 한 관광지에 대한 애착이 높을수록 방문행동에 긍정적인 효과를 가져온다는 점(Ramkissoon, 2015)을 고려할 때 계림에 대한 관광객들의 장소애착은 관광의사결정과정에 긍정적인 영향을 미칠 것으로 기대된다.

본 연구에서는 합리적 행동이론, 계획행동이론 또는 목표지향적 행동모형의 행동의도에 대한 설명력을 비교하였다. 3모형의 예측능력을 바탕으로 계림의 방문의사과정에 대한 연구모형을 설정하였다. 목표지향적 행동모형(MGB)의 확장변수로서 계림 관광지의 특성을 반영하는 이미지와 장소애착을 새로운 변수로 추가하여 계림방문 관광객들의 의사결정과정을 보다 심도 있게 그리고 체계적으로 규명하였다. 이를 위해 계림을 방문한 국내외 관광객들을 대상으로 설문조사를 실시하여 자료를 수집하고 이를 토대로 확장된 목표지향적 행동모형(EMGB)을 검증하였다. 본 연구의 분석결과는 관광지를 방문하는 관광객들의 의사결정과정에 대한 이론적 발전에 기여하고, 지속가능한 관광지를 유지 및 발전시키는데 실무적 시사점을 제공할 수 있을 것이다.

제 2 절

연구목적

본 연구에서는 합리적 행동이론, 계획행동이론과 목표지향적 행동모형을 대상으로 관광분영에서 행동의도에 대한 예측능력을 비교하고자 한다. 그리고 목표지향적 행동모형을 바탕으로 확장된 목표지향적 행동모형(EMGB)을 적용하여 중국 계림을 방문한 관광객들의 의사결정과정에서 주요 요인들 간의 구조적 관계를 규명하고자 한다. 특히, 기존의 목표지향적 행동모형에 계림 생태관광지의 특성을 반영하는 관광지 이미지와 장소애착의 개념들을 새로 추가한 확장된 목표지향적 행동모형(EMGB)을 적용하여 계림 방문객들의 의사결정과정을 심도 있게 그리고 체계적으로 규명하고자 한다. 이러한 연구목적을 구체적으로 제시하면 다음과 같다.

첫째, 합리적 행동이론, 계획행동이론과 목표지향적 행동모형 3모형 내 각 구성개념 간 상호영향관계를 규명하고자 한다. 즉, 합리적 행동이론을 구성하는 태도와 주관적 규범이 행동의도에 미치는 영향관계, 계획행동이론을 구성하는 태도, 주관적 규범과 지각된 행동통제가 행동의도에 미치는 영향관계, 목표지향적 행동모형을 구성하는 1) 태도, 주관적 규범, 예기정서, 지각된 행동통제가 열망에 미치는 영향관계, 2) 지각된 행동통제가 행동의도에 미치는 영향관계, 3) 열망이 행동의도에 미치는 영향관계를 각각 규명하고자 한다. 특히 본 연구에서는 열망이 MGB의 선행요인과 행동의도 간에 매개역할을 수행하는지를 파악하고자 한다.

둘째, 계림 방문의사과정을 더 명확하게 설명하기 위해서 합리적 행동이론과 계획행동이론 보다 목표지향적 행동모형을 적용하고자 한다. 그리고 계림의 특성을 잘 반영할 수 있는 관광지 이미지와 장소애착 두 가지 변수를 도출하고자 하며, 목표지향적 행동모형에 추가한 확장된 목표지향적 행동모형을 분석하고자 한다.

셋째, 확장된 목표지향적 행동모형(EMGB)의 구성개념 간 상호영향관계를 규명하고자 한다. 즉, 1) 관광지 이미지가 태도, 주관적 규범, 지각된 행동통제에 미치는 영향관계, 2) 관광지 이미지가 장소애착에 미치는 영향관계, 3) 장소애착이 행동의도에 미치는 영향관계를 각각 규명하고자 한다.

본 연구는 이러한 절차를 통해 관광객의 계림방문 의사결정과정을 논리적으로 살펴봄으로써 국내외 관광객의 긍정적인 행동을 이끌어내고 계림 관광시장을 유지하기 위한 마케팅전략을 수립하는데 기여하고자 한다.

제 3 절
논문의 구성

본 연구의 목적과 방법을 토대로 연구의 내용은 <그림 1-1>과 같이 총5장으로 구성되었으며, 각 장의 내용은 다음과 같다.

제1장 서론부분에서는 연구의 배경을 설명하고 연구의 문제점을 제시하였다. 그리고 본 연구의 목적을 기술하였다.

제2장 이론적 배경 및 선행연구 검토는 크게 세 부분으로 구성되었다. 제1부분은 제1절부터 제6절까지 내용은 확장된 목표지향적 행동모형(EMGB)의 발전과정, 즉 합리적 행동이론, 확장된 합리적 행동이론, 계획행동이론, 확장된 계획행동이론, 목표지향적 행동모형, 확장된 목표지향적 행동모형흐름으로 구성요인의 개념 및 각 모형에 대한 선행연구, 제2부분은 제7절과 제8절을 포함하며 관광지 이미지의 개념, 구성요인과 관련된 선행연구, 장소애착의 개념, 구성요인과 관련된 선행연구를 각각 검토하였다. 제3부분은 연구 대상인 계림의 관광자연, 현황과 관광객 수 추이를 포함되었다.

제3장 관광객 행동의도의 측정능력비교연구—TRA, TPB, 그리고 MGB를 중심으로는 크게 세 부분으로 구성하였다. 첫째는 연구방법, 예기서 연구모형 및 가설설정, 조사 설계, 표본의 선정과정 조사방법 그리고 분석방법을 포함됨. 둘째는 분석결과, 예기서 인구통계학 특성, 구성개념별 확인적 요인분석, 판별 타당성 검증, 구조모형의 분석과 가설검증 그리고 목표지향적 행동모형의 직·간접 및 총 효과분석을 포함됨. 셋째는 연구결과와 요약을 포함되었다.

제4장 목표지향적 행동모형을 이용한 중국계림 방문의사결정 연구—관광지이미지와 장소애착을 확장변수로는 세 부분으로 구성하였다. 첫째는 연구방법, 예기서 연구모형 및 가설설정, 조사 설계, 표본의 선정과정 조사방법 그리고 분석방법을 포함됨. 둘째는 분석결과, 예기서 인구통계학 특성, 표본의 신뢰도 및 타당성 분석, 구성개념별 확인적 요인분석, 판별 타당성 검증, 구조모형의 분석과 가설검증 그리고 목표지향적 행동모형의 직·간접 및 총 효과분석을 포함됨. 셋째는 연구결과와 요약 그리고 연구의 시사점을 포함되었다.

제5장은 본 연구의 결론부분으로, 4장에서 얻은 결과를 토대로 연구결과를 요약하고, 학술적 및 실무적 시사점, 그리고 한계점과 향후 연구를 제시하고자 한다.

<그림 1-1> 논문의 흐름도

I. 서론

1. 연구배경 및 문제제기
2. 연구의 목적
3. 논문의 구성

II. 이론적 배경 및 선행연구 검토

1. 합리적 행동이론 및 확장된 합리적 행동이론
2. 계획행동이론 및 확장된 계획행동이론
3. 목표지향적 행동모형 및 확장된 목표지향적 행동모형
4. 관광지 이미지
5. 장소애착
6. 계림관광

III. 관광객 행동의도의 측정능력 비교연구—TRA, TPB, 그리고 MGB를 중심으로

1. 연구방법 : 연구모형 및 가설 설정/조사 설계/분석방법
2. 분석결과 : 인구통계학적 특성/구성개념별 확인적 요인분석/구조모형의 분석과 가설검증/목표지향적 행동모형의 직·간접 및 총 효과분석
3. 연구결론

Ⅴ. 연구의 시사점, 한계점 및 향후연구

1. 연구의 시사점
2. 연구의 한계점
3. 연구의 향후연구

Ⅳ. 목표지향적 행동모형을 이용한 중국계림 방문의사결정 연구—관광지이미지와 장소애착을 확장변수로

1. 연구방법 : 연구모형 및 가설 설정/조사 설계/분석방법
2. 분석결과 : 인구통계학적 특성/구성개념 내 측정변수의 기본적 특정과 신뢰도 분석/구성개념별 확인적 요인분석/구조모형의 분석과 가설검증/모형의 직·간접 및 총 효과분석
3. 연구결론

II. 이론적 배경 및 선행연구 검토

II. 이론적 배경 및 선행연구 검토

개인의 행동을 예측하는 것은 매우 중요하며 의사결정과정을 규명하기 위해 지금까지 여러 행동이론들이 제시되었다. 관광분야에서도 많은 학자들이 행동이론을 적용한 연구를 수행한 바 있다(이재석·이충기, 2010; 이충기·고성규·임성희, 2017; Lee, Song, Bendle, Kim, & Han, 2012; Park, Hsieh, & Lee, 2017; Song, Lee, Kang, & Boo, 2012). <그림 2-1>에서 보는 바와 같이, 행동이론의 발전과정을 살펴보면 처음에는 합리적 행동이론(TRA), 다음으로는 계획행동이론(TPB), 마지막에는 목표지향적 행동이론(MGB)으로 발전되었다(이충기 외, 2017; Ajzen, 1985, 1991; Ajzen & Fishbein, 1980; Perugini & Bagozzi, 2001; Song et al., 2012).

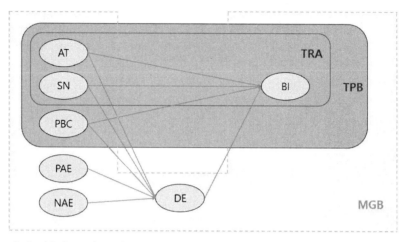

<그림 2-1> 행동이론의 발전과정: TRA, TPB와 MGB

출처: 이충기·고성규·임성희(2017). 목표지향적 행동모형을 이용한 승마체험 행동의
도 연구: 청소년 승마체험에 대한 부모의 인식을 중심으로. 『관광연구저널』,
31(7), 5-19, p.8.

제 1 절

합리적 행동이론 및 확장된 합리적 행동이론

1. 합리적 행동이론(TRA:Theory of Reasoned Action)

합리적 행동이론(TRA:Theory of Reasoned Action)은 Ajzen & Fishbein (1985)이 처음 제안한 이론으로 개인의 의지적 행동(Volitional Behaviors)을 통해 특정 행동의 의사결정과정을 파악하는 이론이다. 합리적 행동이론에서 특정행동에 대한 태도(AT: Attitude to Behavior)와 주관적 규범(SN: Subjective Norm)은 행동의도의 중요한 선행변수이다. 여기서 태도는

개인의 특정 행동에 대한 긍정적인 또는 부정적인 평가로, 주관적 규범은
자신에게 중요한 사람들이 개인의 특정 행동에 대해 지지하는지의 여부
로 정의된다(Ajzen & Fishbein, 1985). 다시 말하면 태도는 개인이 행동하
기 전에 이 행동에 대해 내리는 긍정적 또는 부정적 평가이며, 주관적 규
범은 주변 사람들이 이 행동을 지지하는지의 여부를 나타낸다(Ajzen &
Fishbein, 1985).

그 중에 행동에 대한 태도는 사람 또는 사물 등이 어떤 대상에 의해
일관성을 가지고 호의적 또는 비호의적인 반응을 보이는 경향으로서
(박시한 · 한미정, 2007), 특정한 행동에 대한 전반적인 평가를 의미한
다(한덕웅 · 이민규, 2001; Sparks, 2007). 태도는 라틴어의 앱투스(aptus:
자세)에서 유래된 용어이며, 개인이 취하는 자세를 통해 그 사람의 다
음 행동을 예측할 수 있다는 의미이다(안영면, 2002). 또한 많은 학자들
이 태도에 대한 정의를 내렸으며, 학자마다 조금씩 다르다(<표 2-1>
참조).

<표 2-1> 태도에 대한 정의

연구자	년도	개념적 정의
Sarnoff	1960	대상에 대해 호의적 또는 비호의적으로 반응하려는 경향
Ajzen & Fishbein	1975	특정 행동을 함에 있어서 좋아하거나 싫어하는 감정적인 반응
Assael	1995	특정 대상에 대해 호의적 또는 비호의적으로 반응하는 학습된 성향
곽재용	2006	개인이 행동을 배우거나 방향을 정하는데 있어서 도움이 되고 좋거나 싫음을 나타내는 요인

자료: 선행연구를 바탕으로 연구자가 작성.

한편, 태도는 보통 인지적 태도와 감정적 태도로 구분될 수 있으나, 행동이론에서의 태도는 특정한 행동을 수행에 호의적 또는 비호의적인 평가로 이루어진다(Tonglet, Philips, & Read, 2004). 따라서 개인의 태도에 의해 그 후 이어진 행동의 일반적 경향을 예측할 수 있음으로 개인의 행동을 설명할 수 있다(Ajzen & Fishbein, 2000). 또한 태도는 사회심리학에서 중요한 요인 중의 하나로서 행동에 직접적인 영향을 미치지 많고, 행동의도에 영향을 미친다(박종회, 2007; 임윤정, 2008).

또한 주관적 규범은 개인의 주변의 가족 또는 친구 등 영향력 있는 집단이 특정 행동에 대해 가지고 있는 의견을 의미한다(오종철, 2007). 개인의 자신과 가까운 부모님, 형제자매, 친구, 선생님, 동창, 동료 등이 자신이 이러한 중요한 사람들의 기대에 부응하려는 동기가 강할수록 특정 행동을 진행할 가능성이 높아진다(김형석·조현익, 2008).

<표 2-2> 주관적 규범에 대한 정의

연구자	년도	개념적 정의
Ajzen & Fishbein	1980	개인이 수행하는 행위에 대해 다른 사람들에게 중요하거나 비중요하는 것에 대한 개인의 인식
Ajzen	1991	특정 행동을 할 때 중요한 집단에 의해 자신의 행동에 대해 어떻게 평가받을지에 대한 인식
박주철 · 이남우	2009	특정 행동을 함에 있어서 준거집단이 개인에 대한 판단의 기준
손영곤 · 이병관	2010	개인에 대한 사회적 영향 또는 압력
윤설민	2011	목표 행동을 수행함에 있어서 자신이 지각된 사회적 압력

자료: 선행연구를 바탕으로 연구자가 작성.

다시 말하면, 주관적 규범은 특정행동을 실행하는 것이 자신에게 중요한 사람들이 동의할 것인지 또는 반대할 것인지에 대한 지각된 느낌이다(이충기·고성규·임성희, 2017). 한편, 주관적 규범은 사회적 영향 또는 사회적 압력을 의미하기도 하며(Yoh, 1999), 내용적으로는 사회규범과 유사하다(임윤정, 2008). 앞선 언급과 유사하게 주관적 규범에 대하여 선행연구를 기초로 하여 학자들의 정의를 표로 정리하였다(<표 2-2> 참조).

<그림 2-2>에서 보는 바와 같이 특정 행동에 대한 태도와 주관적 규범은 행동의도에 긍정적인 영향을 미치게 된다.

<그림 2-2> 합리적 행동이론(TRA)

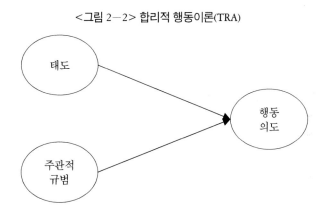

출처: Fishbein, M. & Ajzen, I. (1975). Belief, attitude, intention and behavior: An introduction to theory and research. Reading, MA: Addison-Wesley.

합리적 행동이론을 정확하게 적용하기 위해서는 두 가지 전제조건을 만족해야한다. 첫째, 개인이 특정행동에 대해 수집된 모든 정보를 체계적으로 고려하여 이성적인 판단을 하는 것이다(Ajzen & Fishbein, 1985). 둘째, 합리적 행동이론은 개인에게 의지적 통제력(Volitional Control)이

존재하는 상황에서만 유효하다(Ajzen & Fishbein, 1985). 다시 말하면, 합리적 행동이론은 개인의 감정을 포함하지 않은 객관적인 판단을 실시하여 자기가 결정할 수 있는 의지적 행동만 예측할 수 있다는 것이다(Kim, Lee, Lee, & Song, 2012).

합리적 행동이론은 사회인지이론을 바탕으로 한 이론으로서 상대적으로 간결함(parsimony)을 보이는 것이 이의 장점이다(권선중·김교헌, 2004). 그러나 개인은 활용 가능한 정보를 합리적이고 체계적으로 활용할 수 있으나, 많은 사회적 행동에 있어서 개인의 의지로 통제가 불가능한 행동들이 있다. 이러한 이유로 합리적 행동이론을 개인의 행동을 설명하는데 한계가 발생한다. 다시 말하면, 어떤 행동들은 기회나 자원, 또는 시간, 금전 등의 능력을 필요로 하지만, 이러한 것들은 개인이 자발적으로 통제되지 못할 수 있다. 그럼에도 불구하고 합리적 행동이론은 계획행동이론으로 수정되기 전까지 태도 행동 연구에 있어서 지배적 이론이었다(Norman & Smith, 1995).

관광분야에서는 기존 합리적 행동이론을 적용한 연구들을 수행해왔다(김민철, 2014; 김우곤·박병관, 1997; 손정기·남장현, 2016). 김우곤·박병관(1997)은 합리적 행동이론을 적용하여 비즈니스고객의 호텔선택 의사결정과정을 연구한 결과, 태도와 주관적 규범이 행동의도에 정(+)의 영향을 미치는 것으로 나타났다. 손정기·남장현(2016)은 음식관광행동을 예측하기 위해서 합리적 행동이론을 적용하였으며, 태도와 주관적 규범이 행동의도에 긍정적 영향을 미치지만 태도가 주관적 규범보다 더 큰 영향을 미친다는 것을 확인하였다. 김민철(2014)은 유투어(U-tour) 시스템 이용자의 행동의도를 예측하는데 합리적 행동이론을 적용할 수 있음을 제시하였다.

2. 확장된 합리적 행동이론(ETRA: Extended TRA)

오랜 시간동안 다양한 연구 주제에 합리적 행동이론을 적용한 연구가 진행되어 왔지만, 태도 및 주관적 규범의 선행변수로 구성된 모델의 단순성 때문에 행동의도에 영행을 미치는 새로운 변수를 추가하였다. 관광분양에서는 새로운 변수를 추가하여 행동의도에 대한 설명력을 높일 수 있는 확장된 합리적 행동이론도 사용하고 있다(박진경, 2011; 양은주, 2014; 오상훈, 1991; 이학식·김영, 2000; Lee, Qu, & Kim, 2007; Ryu & Jang, 2006). 양은주(2014)는 의료관광서비스 품질변수를 추가하여 중국인 미용성형관광 행동의도를 연구한 결과, 태도와 주관적 규범이 행동의도에 긍정적인 영향을 미치는 것으로 나타났다. 오상훈(1991)은 대학생들을 대상으로 방학기간 국내 관광의도를 조사하였으며, 조사 결과 태도 및 주관적 규범이 관광의도에 유의한 영향을 미치고, 주관적 규범이 관광의도에 미치는 영향은 태도가 관광의도에 미치는 영향 보다 약 4.5 배 큰 것으로 나타났다. 따라서 국내 관광에 대한 태도의 선행변수로 추가한 행동적 신념과 상황적 신념 두 변수가 태도에 유의한 영향을 미치는 것으로 나타났다. 이학식·김영(2000)은 대학생의 휴대폰 구매행동을 파악하기 위해 합리적 행동이론과 확장된 합리적 행동이론을 적용한 비교연구를 진행하였다. 그 중에 확장된 합리적 행동이론은 비용요인을 추가하여, 비용요인은 직접적으로 구매의도에 영향을 미치는 가설을 설정하였다. 연구 결과, 구매의도에 가장 영향을 크게 미치는 변수는 제품에 대한 태도, 주관적 규범, 그리고 비용요인 순으로 나타났다. Lee, Qu, & Kim(2007)은 합리적 행동이론에 새로운 변수인 개인의 창의력(Personal Innovativeness)을 추가하여 온라인 관광제품을 구매한 의사결정과정을 연구한 결과, 개인의 창의력이 태도와 주관적 규범 및 행동의도 간에 조절역할을 한다는 것을 검증하였다. 이러한 선행연구들은 합리적 행동이론 또는 확장된 합리적 행동이론에서 선행변수인 태도와 주관적 규범이 행동의도에 중요한 영향을 미친다는 사실을 입증해준다.

제 2 절
계획행동이론 및 확장된 계획행동이론

1. 계획행동이론(TPB: Theory of Planned Behavior)

개인이 어떤 행동을 할 때는 시간이나 금전과 같은 외부적 요소들이 필요한데, 합리적 행동이론은 태도와 주관적 규범만으로 행동의도를 예측할 뿐 자발적 행동통제는 고려하지 않아 한계점을 나타낸다(Ajzen, 1991; Hsu & Huang, 2013). 즉, 합리적 행동이론은 개인의 의지를 넘어선 타율성 또는 불확실성이 행동에 미치는 영향을 예측할 수 없다는 것이다(이재석·이충기, 2010). 합리적 행동이론의 이러한 한계점을 보완하기 위해 Ajzen(1991)은 자발적 통제와 관련된 지각된 행동통제(PBC: Perceived Behavior Control) 변수를 추가한 계획행동이론(TPB)을 제안하였다. 지각된 행동통제는 특정행동을 수행함에 있어 개인의 실행능력을 측정하는 개념으로서 개인이 특정행동을 수행하는 것에 대해 쉽거나 또는 어렵다고 인지하는 감정 정도를 의미한다(송학준·이충기, 2010). 계획행동이론은 개인의 자발적 행동에 대한 통제력을 강조하므로 지각된 행동통제가 중요한 역할을 담당한다(Kim et al., 2012).

요약하면, Ajzen(1991)의 계획행동이론은 <그림 2-3>에서 보는 바와 같이 개인의 행동의도를 결정하는데 있어서 태도, 주관적 규범, 지각된 행동통제가 선행변수로 구성된다. 특정행동에 대한 행동의도와 선행요인의 인과관계를 구체적으로 살펴보면, 특정행동에 대한 태도가 적극적일수록, 주관적 규범이 높을수록, 지각된 행동통제가 강할수록, 행동을 수행하려는 의도가 강해진다. 계획행동이론은 합리적 행동이론의 한계점을 극복하여 자발적인 행동을 예측할 수 있는 이론이며, 많은 연구자들이 두 이론의 비교 연구를 실시해왔다.

<그림 2-3> 계획행동이론(TPB)

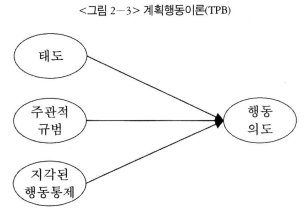

출처: Ajzen, I.(1991). The theory of planned behaviour. *Organizational Behaviour and Human Decision Processes*, 50(2), 179-211, p.182.

합리적 행동이론과 계획행동이론의 모형을 비교한 선행연구를 살펴보면, 국내연구에서 김명소 · 한영석(2001)은 고객의 온라인 쇼핑행동을 체계적으로 연구하기 위해 합리적 행동이론과 계획행동이론을 적용한 비교 연구를 진행하였다. 분석결과에 따르며, 합리적 행동이론과 계획행동이론의 모형의 전반적인 적합도는 큰 차이를 나타나지 않았으나, 합리적 행동이론의 태도 및 주관적 규범 두개의 변수가 고객의 온라인 쇼핑 행동의도를 23.7%를 설명하는 반면, 계획행동이론의 세 개의 변수(태도, 주관적 규범, 지각된 행동통제)가 37.7%의 고객의 온라인 쇼핑 행동의도를 설명하였다. 김영재(2001)는 스포츠센터 고객들을 대상으로 그들의 스포츠 활동 참여의도를 합리적 행동이론과 계획행동이론을 적용한 비교연구를 진행하였다. 분석결과에 따르며, 두 개의 이론 중 주관적 규범이 모두 행동의도에 영향을 미치지 않는 것으로 나타났으며, 합리적 행동이론의 설명력은 19.0%, 계획행동이론의 설명력은 31.4%로 나타났다.

또한 유진·김영재(2002)는 530명의 체육프로그램 참가자를 대상으로 두 이론을 적용한 비교 연구를 진행하였으며, 그 결과, 합리적 행동이론 중의 태도 및 주관적 규범 설명변수와 계획행동이론의 태도, 주관적 규범, 지각된 행동통제 설명변수가 모두 행동의도에 긍정적인 영향을 미치며, 합리적 행동이론의 설명력은 15.4%로 나타났고, 계획행동이론은 28.1%로 나타났다. 박희랑·한덕웅(2006)은 한국 여성들의 명품 구매의도를 분석하기 위해 합리적 행동이론과 계획행동이론을 적용하여 연구를 진행하였다. 합리적 행동이론과 계획행동이론에 제시된 태도, 주관적 규범, 지각된 행동통제 설명변수가 모두 행동의도에 유의한 영향을 미치는 것으로 나타났다. 따라서 합리적 행동이론의 설명력은 32.7%로 나타났고, 계획행동이론의 설명력은 33.7%로 나타났다(<표 2-4> 참조).

<표 2-4> 합리적 행동이론과 계획행동이론 비교연구

연구자	년도	연구주제	구분	독립변수			설명력
				AT	SN	PBC	
김명소 · 한영석	2001	온라인 구매	TRA	(+)	(+)	—	23.7%
			TPB	(+)	(+)	(+)	37.7%
김영재	2001	여가 스포츠	TRA	(+)	n/s	—	19.0%
			TPB	(+)	n/s	(+)	31.4%
유진 · 김영재	2002	여가 스포츠	TRA	(+)	(+)	—	15.4%
			TPB	(+)	(+)	(+)	28.1%
박희랑 · 한덕웅	2006	명품 구매	TRA	(+)	(+)	—	32.7%
			TPB	(+)	(+)	(+)	33.7%
Warburton & Terry	2000	자원봉사	TRA	(+)	(+)	—	33.0%
			TPB	(+)	(+)	(+)	55.0%
Kim & Noh	2004	해외여행	TRA	(+)	(+)	—	40.0%
			TPB	(+)	(+)	(+)	41.0%

자료: 선행연구를 바탕으로 연구자가 작성.

해외연구로, Warburton과 Terry(2000)는 호주 노년을 대상으로 그들의 자원봉사 참기의도를 확인하기 위해 합리적 행동이론과 계획행동이론을 적용하였으며, 합리적 행동이론보다 계획행동이론이 더 좋은 참험적 모델이라고 제안하였다. 구체적으로, 합리적 행동이론의 설명력은 33.0%로 나타났고, 계획행동이론의 설명력은 55.0%로 나타났다. Kim과 Noh(2004)는 한국의 경제학과 경영학을 전공하는 대학생들을 대상으로 해외여행의도를 연구하기 위해 합리적 행동이론과 계획행동이론을 적용한 비교연구를 진행하였다. 분석결과, 합리적 행동이론과 계획행동이론에 사용된 설명변수들은 모두 통계적으로 유의미하게 행동의도에 영향을 미치는 것으로 나타났으며, 합리적 행동이론의 설명력은 40.0%로 나타났고 계획행동이론의 설명력은 41.0%로 나타나 큰 차이가 없음을 언급하였다.

위의 연구 외에, Madden, Ellen, & Ajzen(1992)은 10개 종류의 특정행동(Sleep, Shop, Exercise, Wash car, Laundry, Caffeine, Friend, Videocassette, Album, Vitamins)에 대해 행동의도를 합리적 행동이론과 계획행동이론으로 예측한 결과, 계획행동이론의 설명력이 합리적 행동이론보다 더 우월하다는 결론을 내렸다. 합리적 행동이론과 계획행동이론을 비교한 많은 연구들은 대부분 Madden, Ellen & Ajzen(1992)의 결과와 일치하는 경향을 보인다(손정기 · 남장현, 2016; 이학식 · 김영, 2000; Zint, 2002). 따라서 지각된 행동통제는 개인의 의사결정과정을 예측하기 위한 중요한 변수이며, 계획행동이론은 합리적 행동이론보다 우월하다는 점이 학술적으로 입증되었다고 할 수 있다.

또한 계획행동이론을 적용한 연구들을 살펴보면 다음과 같다. 먼저 국내 선행연구를 살펴보면(<표 2-5>), 최자영 · 김경자(2003)는 온라인 쇼핑 고객들의 행동의도를 검증하기 위해 계획행동이론을 적용하였다. 분석결과, 계획행동이론에서 제시한 3개의 주요 구조인 태도, 주관적 규범, 지각된 행동 통제력 모두 행동의도에 정(+)의 방향으로 유의미한 영향을 미치는 것으로 나타났다. 권선중 · 김교헌(2004)은 794명 초중등학교 학생을 대상으로 계획행동이론을 적용하여 그들의 인터넷 게임행동의도 검증하였다. 연구결과, 계획행동이론의 설명변인인 태도, 주관적 규범, 지각된 행동통제가 학생들의 인터넷 게임행동의도를 45.0% 정도 설명하였다. 오세윤 · 박희서 · 노시평 · 신문주(2004)는 공무원들의 지식공유행위의도 결정요인을 알아보고자 계획행동이론을 적용하여 연구를 진행하였다. 연구결과, 지식공유 행동에 대한 태도, 주관적 규범, 그리고 지각된 행동통제 모두 지식공유를 위한 행동의도에 긍정적인 영향을 미치며, 그중에 태도가 행동의도에 가장 큰 영향을 미치는 것으로 나타났다. 우형진(2008)은 텔레비전 시청과 성형수술 행위의도 간 관계를 확인하기 위해 계획행동이론을 적용하였다. 분석결과, 태도, 주관적 규범, 지각된 행동통제는 성형수술의도에 긍정적인 영향을 미치는 것으로 나타났고, 특히 지각된 행동통제는 성형수술의도에 가장 큰 영향을 미치는 변수임을 제시하였다. Baker, Al-Gahtani와 Hubona(2007)는 1,088명의 사우디아라비아의 지식근로자를 대상으로 그들의 신과학기술 수용의도 영향요인을 분석하였다. 연구결과, 계획행동이론 세 개의 설명변수가 신과학기술 수용의도의 36.7%를 설명하였으며, 모두 긍정적인 영향을 미치는 것으로 나타났다.

<표 2-5> 계획행동이론에 관한 선행연구

연구자	년도	연구주제	독립변수		
			AT	SN	PBC
최자영 · 김경자	2003	온라인 쇼핑	(+)	(+)	(+)
권선중 · 김교헌	2004	인터넷 게임	(+)	(+)	(−)
오세윤 등	2004	지식공유	(+)	(+)	(+)
우형진	2008	드라마 시청	(+)	(+)	(+)
Baker et al.	2000	자원봉사	n/s	(+)	(+)

자료: 선행연구를 바탕으로 연구자가 작성.

2. 확장된 계획행동이론(ETPB: Extended TPB)

Ajzen(1991)은 개인의 특정 행동의도에 대한 설명력을 더 높이기 위해 계획행동이론에 상황에서 필요한 새로운 독립변수를 추가적으로 도입하는 확장된 계획행동이론(ETPB: Extended TPB)을 제시하였으며, 이를 적용한 연구를 살펴보면 다음과 같다(<표 2-6> 참조).

<표 2-6> 확장된 계획행동이론에 관한 선행연구

연구자	년도	연구주제	MGB에 추가한 변수			
			AT	SN	PBC	추가변수
차동필	2005	폭음	(+)	n/s	n/s	PB(+), MN(−)
강재원 · 조창환	2006	인터넷 구매	(+)	(+)	(+)	Flow(+)
박종희	2007	안전	(+)	(+)	(−)	PK(n/s)
김금미 · 안상수	2008	성평등 의	(+)	(+)	(+)	MO(+)
Warburton & Terry(2000)	2000	자원봉사	n/s	(+)	(+)	MO(+), BN(+)

자료: 선행연구를 바탕으로 연구자가 작성.

차동필(2005)은 한국의 대학생들의 폭음행위를 계획행동이론을 적
용하여 연구하였다. 분석결과, 폭음에 대한 태도, 도덕적 규범(MN), 과
거행동(PB) 등의 변인들이 폭음의도에 영향을 미치는 것으로 나타났
다. 강재원·조창환(2006)은 인터넷 구매의도를 설명하기 위해 기존의
계획행동이론 이외에 플로우{Flow) 변수를 추가하여 확장된 계획행동
이론을 적용하였다. 연구결과, 플로우, 태도, 지각된 행동통제는 인터
넷 구매의도에 긍정적인 영향을 미치고, 플로우 변수가 태도와 인터넷
구매의도 간의 매개역할을 한 것으로 나타났다. 박종희(2007)는 치기
공과 학생들을 대상으로 기존의 계획행동이론에 사전지식(PK) 변수를
추가하여 확장된 계획행동이론을 검증하였다. 연구결과, 사전지식은
행동의도에 영향을 미치지 않는 것으로 나타났고, 기존의 계획행동이
론의 설명변수들은 행동의도에 모두 긍정적인 영향을 미치는 것으로
나타났다. 김금미·안상수(2008)는 남성의 성평등 의식을 살펴보기 위
해 계획행동이론을 토대로 도덕적 책무(MO)를 추가한 확장된 계획행

동이론을 적용하였다. 실증분석 결과, 남성의 성평등 태도, 주관적 규범, 지각된 행동통제, 그리고 도덕적 책무 모두 행동의도에 긍정적인 영향을 미치는 것으로 나타났다.

해외 선행연구를 살펴보면, Warburton과 Terry(2000)는 호주 브리즈번에 거주하는 노년층을 대상으로 자원봉사 참가의도를 예측하기 위해 기존의 계획행동이론에 도덕적 책무 및 행동적 규범을 추가한 확장된 계획행동이론을 적용하여 연구를 진행하였다. 분석결과, 태도를 제외한 나머지 변수들이 행동의도에 긍정적인 영향을 미치는 것으로 나타났다.

관광분야에서는 계획행동이론 또는 확장된 계획행동이론을 적용하여 관광객의 행동의도를 파악하고자 하였다(박진경, 2011; 송학준 · 이충기 · 부숙진, 2011; 이재석 · 이충기, 2010; Giles, McClenahan, Caims, & Mallet, 2004; Han, 2015; Han, Lee, & Lee, 2011). 송학준 등(2010)은 보령머드축제에 참여한 관광객을 대상으로 환경책임행동변수를 추가한 확장된 계획행동이론을 적용하여 관광객의 축제 재방문에 대한 의사결정을 살펴보았다. Han(2015)은 환경관련 변수들을 계획행동이론에 추가하였는데, 분석결과에 따르면 확장된 계획행동이론($R2=0.579$)의 설명력이 계획행동이론($R2=0.502$)의 설명력보다 높은 것으로 나타났다. Giles et al.(2004)은 자기효능감(Self-efficacy)변수를 추가하고 과거행동을 포함한 확장된 계획행동이론을 적용한 결과, 변수들의 예측 설명력이 73%로 높아진다는 점을 제시하였다. 박진경(2011)은 비일상적 여가활동(골프)을 예측하기 위해서 기존의 계획행동이론과 과거 경험변수를 추가한 확장된 계획행동이론을 적용한 결과, 후자가 기존이론보다 다소 우월하였으며 과거 경험변수가 여가행동을 예측할 때 필요한 변수임을 확인하였다. Han et al.(2011)는 중국 관광객을 대상으로 비자면제변수를 추가한 확장된 계획행동이론을 적용하여 한국 방문에 대한 의사결정과정을 파악하였다. 연구결과를 살펴보면 행동의도를 설명하는데 있어서 합리적 해동이론의 경우 (28.2%), 계획해동이론의 겨우 (30.5%), 확장된 계획행동이론의 경우 (45.7%) 나타났으며 태도, 주관적 규범, 지각된 행동통제, 비자면제에 대한 기대 선행변수들이 모두 행동의도에 긍정적인 영향을 미치는 것으로 나타났다. 이러한 선행 연구들은 기존의 계획행동이론보다는 새로운 변수를 추가한 확장된 계획행동이론이 예측력을 보다 향상시킨다는 것을 지적해준다. 즉, 특정행동의 특징을 나타내는 새로운 변수를 추가함으로써 개인의 의사 결정과정을 더 정확하게 예측할 수 있다는 것이다.

제 3 절
목표지향적 행동모형 및 확장된 목표지향적 행동모형

1. 목표지향적 행동모형(MGB: Model of Goal-directed Behavior)

계획행동이론은 인지적 요인(Cognitive Factor)에 초점을 둔데 비해, 감정적 요인(Affective Factor)을 충분히 고려하지 못한다는 한계가 있다 (송학준 · 이충기, 2010). 이러한 한계점을 극복하기 위하여 Perugini & Bagozzi (2001)는 기존 계획행동이론에 바탕을 두고 개인의 감정적 요인을 고려하는 방식으로 이론을 확장시킨 목표지향적 행동모형(MGB)을 제시하였다. 즉, 목표지향적 행동모형은 계획행동모형의 구성요소인 태도(AT), 주관적 규범(SN), 지각된 행동통제(PBC) 외에 긍정적 예기정서(PAE: Positive Anticipated Emotion)와 부정적 예기정서(NAE:

Negative Anticipated Emotion) 및 열망(DE: Desire)을 포함하였다(Song, Lee, Reisinger, & Xu, 2016). 한 변수를 추가하여 매개효과나 조절효과를 수행할 때 이론을 발전시킬 수 있는데, 여기서 열망은 매개역할을 수행하므로 목표지향적 행동모형은 계획행동이론을 확장함과 동시에 심화한 이론이라고 할 수 있다.

Perugini & Bagozzi(2001)에 따르면, 예기정서는 불확실한 상황에서 미래행동을 생각할 때 발생하는 감정의 상태(Affect State)이다. 여기서 예기정서는 긍정적 및 부정적 예기정서로 구분되며, 긍정적 예기정서는 특정행동을 수행할 경우 느끼게 되는 긍정적인 감정을 의미하는 반면에, 부정적 예기정서는 특정행동을 수행하지 못하면 느끼게 되는 부정적인 감정을 의미한다. 열망은 동기가 부여된 마음의 상태(Motivational State of Mind)이며, 개인의 행동의도를 예측하는데 가장 중요한 변수라고 알려져 있다(Perugini & Bagozzi, 2001).

<그림 2-4> 목표지향적 행동모형

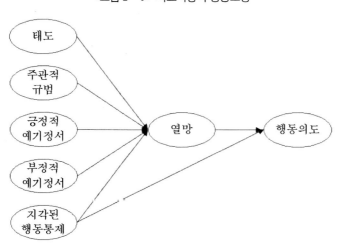

출처: Perugini, M., & Bagozzi, R. P.(2001). The role of desires and anticipated emotions in goal—directed behaviours: broadening and deepening the theory of planned behaviour. British Journal of Social Psychology, 40(1), 79—98, p.80.

<그림 2—4>에서 보는 바와 같이 목표지향적 행동모형은 계획행동 모형의 선행변수들(AT, SN, PBC)뿐만 아니라, 감정적인 요인(PAE, NAE)도 선행변수로 포함한다. 열망은 행동의도에 직접적인 영향을 미칠뿐만 아니라, 목표지향적 행동모형의 선행변수들(AT, SN, PBC, PAE, NAE)과 행동의도 간의 매개역할 또한 담당하였다(Song, Lee, Norman, & Han, 2012). 다시 말하면, 계획행동모형에서는 선행변수들이 행동의도에 직접적인 영향을 미치게 되지만, 목표지향적 행동모형에서는 열망을 거쳐 행동의도에 간접적인 영향을 미치게 된다는 의미이다(Kim et al., 2012). 한편, 지각된 행동통제는 열망을 통해 행동의도에 작용하거나 직접적으로 영향을 미치기도 한다. 이처럼 MGB는 TRA나 TPB보다 개선된 행동모형으로서 인지적 요소뿐만 아니라, 감정적 요소와 동기요소를 함께 포함한다. 여기에 새로운 변수인 열망을 추가하여 선행변수들과 행동의도 간의 매개역할을 수행함으로써 목표행동을 더 잘 설명한다는 점에서 학술적 의의가 있다.

관광분야에서는 목표지향적 행동모형을 적용하는 연구를 수행해왔다(양은주 & 남민정, 2015; 이충기 등, 2017; 임재필 & 이충기, 2016).

임재필 & 이충기(2016)는 목표지향적 행동모형을 적용하여 스쿠버 다이버들의 행동의도를 분석한 결과 선행변수들(태도, 주관적 규범, 긍정적 예기정서, 부정적 예기정서)이 열망에 유의한 영향을 미치고 지각된 행동통제와 열망은 행동의도에 유의한 영향을 준 것으로 나타났으며, 행동의도의 설명력이 77.3%로 비교적 높은 수준을 보였다. 이충기 등(2017)은 승마체험행동의도를 예측하는데 있어서 긍정적 예기정서, 부정적 예기정서, 지각된 행동통제가 승마체험의 열망에 긍정적인 영향을 미치고 열망은 행동의도에 긍정적인 영향을 준 것으로 나타났다. 그리고 합리적 행동모형, 계획행동모형과 목표지향적 행동모형에 행동의도의 설명력을 비교한 결과는 각각 14.2%, 34.3%, 60.1%였으며 목표지향적 행동모형이 비교적 설명력이 높은 모형임을 알 수 있었다. 양은주 & 남민정(2015)은 목표지향적 행동모형을 적용하여 한국 국내 패키지여행상품 이용자의 이용의도를 연구한 결과 선행변수(태도, 주관적 규범, 긍정적/부정적 예기정서)가 열망에 유의한 영향을 미치고 지각된 행동통제와 열망 두 변수는 행동의도에 유의한 영향을 미친 것으로 나타났다. 따라서 목표지향적 행동모형은 개인의 감정적인 요인을 추가적으로 고려하기 때문에 행동의도를 예측하는 설명력이 높고 개인의 행동을 이해하는데 도움이 된다고 할 수 있다.

(1) 태도(AT: Attitude)

태도는 합리적 행동이론, 계획행동이론, 목표지향적 행동 모형에 모두 사용되는 선행변수이며 개인의 행동의도 또는 열망을 예측하는데 있어서 중요한 변수이다(Park et al., 2017; Kim et al., 2012). 태도는 개인의 특정행동에 대한 긍정적인 또는 부정적인 평가로 정의된다(Ajzen, 1985). 즉, 개인이 행동결과를 긍정적으로 판단하면 찬성하는 행동태도가 될 수 있고 반면에 부정적으로 판단하면 반대하는 행동태도가 될 수 있다(서해란 · 이충기, 2015). 이에 본 연구에서는 태도는 관광객들이 계림을 방문하는 행동을 지지 또는 반대하는 것을 개인의 평가로 표현하고자 한다.

(2) 주관적 규범(SN: Subject Norms)

주관적 규범은 개인이 특정행동을 수행하는 것에 대한 지각된 사회적 압력을 의미한다(Ajzen, 1991). 개인이 특정행동을 수행할 때 준거집단(친구, 부모님, 동료, 친척, 형제자매 등)의 의견을 고려하거나 따르는 경향이 있기 때문이다(Cheng, Lam, & Hsu, 2006). 주관적 규범은 합리적 행동이론, 계획행동이론과 목표지향적 행동모형에서 꾸준히 이용된 독립변수이며 행동의도 또는 열망을 예측하는데 사용된다(Song et al., 2012).

가령, 관광객의 특정행동(예: 계림여행)에 대한 주관적 규범은 관광객에게 중요한 사람(가족, 친구, 동료, 아이 등)이 관광객의 계림여행에 대해 지지 또는 반대 등의 의견을 내는 것을 의미한다. 개인과 준거집단 간의 특정행동에 대한 강렬한 또는 빈번한 소통이 이루어지면 개인이 소통한 의견을 따라갈 가능성이 높다(Leenders, 2002). 윤설민 · 신창열 · 이충기(2014)는 개인이 특정 행동을 수행할 때 주변의 중요한 사람들의 의견을 적극적으로 수용할 것인지를 의미하는 개념으로 정의하였다. 주관적 규범은 개인이 사회적 압력을 고려하는 변수로 개인의 의사결정과정을 파악하는데 필요한 독립변수이다.

(3) 지각된 행동통제(PBC: Perceived Behavior Control)

합리적 행동이론에서는 의지적 통제가 한계점이 있으며 이를 극복하기 위해서 지각된 행동통제라는 개념을 제안하였다(Ajzen, 1991). 개인의 특정행동에 대한 의사결정과정을 파악할 때 태도 또는 주관적 규범뿐만 아니라 외부적 요소(시간, 금전, 기회 등)도 고려해야 한다. 지각된 행동통제는 개인이 특정 행동을 수행하는 것에 대해 쉽거나 또는 어렵다고 느끼는 행동에 대한 인지된 능력으로 정의된다(Ajzen, 1991). 안소현 · 이충기(2017)는 지각된 통제란 시간이나 금전 또는 기회와 같이 행동을 수행할 수 있는 능력을 의미한다고 하였다. 개인이 지각된 행동통제가 높을수록 행동을 수행할 가능성이 높다고 할 수 있다(Park et al., 2017). 지각된 행동통제는 태도와 주관적 규범과 같이 독립변수로서 행동의도에 직접적인 영향을 미친 뿐만 아니라 열망을 통해 행동의도에 간접적인 영향도 미치기 때문에 많은 연구자들이 자발적 행동을 예측할 때 중요한 변수로서 이용하였다.

(4) 예기정서(PAE: Positive Anticipated Emotion, NAE: Negative Anticipated Emotion)

예기정서는 개인이 특정행동을 수행함에 있어 수행여부의 결과를 긍정적 또는 부정적으로 느끼는 감정이다(Perugini & Bagozzi, 2001). 여기서 예기정서는 긍정적 예기정서와 부정적 예기정서 두 종류로 나뉜다. 목표지향적 행동모형은 예기정서 변수를 독립변수로 추가하여 특정행동에 감정적인 요소를 더 많이 고려하였다. 특히 관광은 사람이 일상생활에서 벗어나 즐거움을 느끼게 할 수 있기 때문에 감정요인의 중요성을 강조하는 것은 바람직하다고 판단된다.

예기정서는 태도와 다른 개념으로서 태도는 개인의 실제행동을 수행하는지 또는 수행할 수 있는지에 대해 이성적으로 집중하는데 비해 예기정서는 개인의 목표행동 완성여부에 대해 미리 생각함으로써 느끼게 되는 감정에 집중한다. 예기정서는 태도, 주관적 규범, 지각된 행동통제와 같이 독립변수로 열망에 영향을 미친다. 이충기 등(2017)은 승마체험을 해본 청소년의 부모를 대상으로 연구한 결과 긍정적 예기정서는 다른 선행변수보다 열망에 미치는 영향이 가장 큰 것으로 나타났다.

(5) 열망(DE: Desire)

열망은 개인이 어떠한 특정행동을 수행하기 위해 혹은 목표를 달성하기 위해 개인적인 동기를 가졌을 때 마음의 상태로 정의하였다(Perugini & Bagozzi, 2004). 열망은 행동의도의 생산성을 제고하여 개인의 강렬한 감정 상태를 표현하는 변수이다. 여기서 열망은 선행변수(태도, 주관적 규범, 지각된 행동통제, 긍정적/부정적 예기정서)들과 종속변수인 행동의도 간의 매개역할을 수행한다. 즉 목표지향적 행동모형의 독립변수인 태도, 주관적 규범, 지각된 행동통제, 긍정적 예기정서와 부정적 예기정서는 열망에 영향을 미치고 열망은 행동의도에 영향을 미치는 것이다. 이충기 등(2017)은 청소년 승마체험행동을 연구한 결과 열망이 행동의도에 유일한 선행변수로 열망이 매우 중요한 역할을 하는 것을 밝혔다. 열망은 계획행동이론에 투입하여 개인행동의 의사결정과정을 심화함으로써 행동의도의 예측력을 제고하는데 학술적 의미가 있다.

(6) 행동의도(BI: Behavior Intention)

행동의도는 개인이 미래목표행동에 대한 개인의 신념과 의지로 정의되며 개인의 주관적 행동경향이다(Perugini & Bagozzi, 2004). Pierro, Manett, & Livil(2003)는 행동의도는 목표행동을 정해진 시간 내에 택할 가능성의 정도를 의미한다고 하였다. Lam & Hsu(2006)는 행동의도란 관광목적지를 선택하는 과정에서 행동자가 미래 관광목적지를 예상하는 경향이라고 하였다. 개인이 행동하고 싶은 마음이 강력하면 목표행동을 수행할 가능성이 높다는 것이다(Ajzen, 1991). 관광분야에서 행동의도를 예측할 때 재방문의도를 이용한 경우가 많다. 재방문의도는 관광객이 관광지를 방문한 후 인지한 전체적인 느낌을 토대로 관광지를 다시 방문하고 싶은 신념과 경향이며, 관광객의 심리적 감정 상태라고 정의된다. 행동이론의 발전 과정을 살펴보면 행동의도의 선행변수가 변화하는 것으로 나타났으며, 계획행동이론에서 태도, 주관적 규범, 지각된 행동통제가 행동의도의 선행변수지만 목표지향적 행동모형에서 행동의도의 선행변수는 지각된 행동통제와 열망이다(Perugini & Bagozzi, 2004).

2. 확장된 목표지향적 행동모형(EMGB: Extended MGB)

목표지향적 행동모형은 개인의 자발적 행동을 수행할 때 감정적인 요소와 행동통제성을 같이 고려하는 예측력이 높은 모형이라서 많은 연구자들이 연구에 적용해왔다. 그러나 개인의 특정행동에 미치는 의사결정과정을 더 상세하게 파악하기 위해서 Perugini, & Bagozzi(2001)는 목표지향적 행동모형을 기반으로 상황의 특징을 대표할 수 있는 관련된 독립변수를 추가하여 확장된 목표지향적 행동모형(EMGB: Extended MGB)을 제시하였다. 여기서 중요한 것은 추가하려는 독립변수들이 특정 행동을 설명할 수 있는 잠재력이 있어야 한다는 점이다. 즉, 새로운 변수를 추가한 목적은 특정행동을 더 정확하게 설명하는 것이다.

관광분야에서는 기존 목표지향적 행동모형(MGB)에 연구 상황에 맞는 변수들을 추가한 확장된 목표지향적 행동모형(EMGB)을 적용하여 관광객의 의사결정과정을 예측한 연구들을 수행해왔다(<표 2-7> 참조)(이양희 · 박대환, 2014; 이예진 · 윤지환, 2017; 윤설민, 2014; 이은지 · 현성협, 2015; Esposito, Bavel, Baranoski, & Duch-Brown, 2016; Han, Kim, & Hyun, 2014; Song et al., 2012).

<표 2-7> 확장된 목표지향적 행동모형에 관한 선행연구

연구자	년도	연구주제	MGB에 추가한 변수
Song et al.	2012	한국 보령머드 축제 재방문의 의사결정과정	1) 환경관심 2) 친환경관광행동 3) 지각된 소비자효율성
이양희 · 박대환	2014	부산향토음식관광행동의도	1) 사전지식
윤설민	2014	여수 엑스포를 방문한 지역주민의 메가 이벤트 방문행동의도	1) 애착심
Huang et al.	2014	돌발적인 공공위생사건(Public Health Emergency) 발생에 대한 관광행동의도 연구	1) 돌발적인 공공위생사건에 대한 인식 2) 비약제적 개입(Non-pharmaceutical Interventions).
Song et al.	2014	산청허브한방의학축제의 재방문의도	1) 축제에서 생산된 한방의학 이미지 2) 한방에 대한 인식
Han et al.	2014	외래 관광객들이 인천공항 면세점에서의 쇼핑행동의도	1) 지각된 공항쇼핑의 단점(Perceived Disadvantages of Airport Shopping) 2) 과거 행동빈도
이은지 · 현성협	2015	방한 중국인 성형관광의 행동의도	1) 허영심 2) 온라인구전

| Esposito et al. | 2016 | 바르셀로나에서 on-line 조사를 실시하여 EMGB과 ETPB의 비교연구 | 1) 명령적인 규범
2) 기술적인 규범 |
| 이예진 · 윤지환 | 2017 | 공유숙박 잠재적 이용자의 이용의도 | 1) 호스트 위험
2) 플랫폼 위험 |

자료: 선행연구를 바탕으로 연구자가 작성.

Song et al.(2012)은 재방문 의사결정과정을 파악하기 위해서 보령머드축제의 특징을 나타내는 3가지 변수인 환경관심, 친환경관광행동, 지각된 소비자효율성(Perceived Customer Effectiveness)을 추가하여 확장된 목표지향적 행동모형을 설정하였다. 이러한 모형을 실증적으로 연구한 결과 환경관심과 지각된 소비자효율성은 친환경관광행동에 긍정적인 영향을 미치고, 친환경관광행동은 열망에 긍정적인 영향을 미치는 것으로 나타났다.

윤설민(2014)은 애착심 변수를 목표지향적 행동모형에 추가하여 여수 엑스포를 방문한 지역주민의 메가 이벤트 방문행동의도를 연구한 결과, 애착심은 엑스포 방문 의사결정과정에서 중요한 변수로 나타났다. 그리고 기존 목표지향적 행동모형의 선행변수인 태도, 긍정적인 예기정서가 열망에 유의한 영향을 미친 것으로 나타났으며, 행동의도의 설명력이 79.6%로 높은 수준으로 나타났다.

이양희 · 박재환(2014)은 사전지식 변수를 추가한 확장된 목표지향적 행동모형을 적용하여 부산 향토음식 관광행동의도를 연구하였다. 분석결과 추가한 사전지식 변수가 열망과 행동의도에 긍정적인 영향을 미치고, 확장된 목표지향적 행동모형은 부산 향토음식 관광행농의도의 69%를 설명하는 것으로 나타났다.

이은지 · 현성협(2015)은 중국인 한국 성형관광 행동의도를 연구하기 위해 허영심과 온라인구전이라는 두 가지 변수들을 목표지향적 행동모형에 추가하였고, 두 변수 모두 중국인의 한국 성형관광행동의도에 유의한 영향을 미친다는 것을 확인하였다. 확장된 목표지향적 행동모형은 개인의 감정적인 요인을 추가하고 관광행동별 특징을 고려하기 때문에 행동의도를 예측하는 설명력이 높고 개인의 행동을 이해하는데 도움이 된다.

이예진 · 윤지환(2017)은 공유숙박 잠재적 이용자의 행동특성을 고려하여 호스트위험과 플랫폼 위험이라는 두 개의 변수를 목표지향적 행동모형에 추가하였다. 기존 목표지향적 행동모형에서 태도, 주관적 규범, 긍정적 예기정서, 부정적 예기정서가 열망에 긍정적인 영향을 미치는 것으로 나타났다. 호스트 위험은 열망에 긍정적인 영향을 미치고 플랫폼 위험은 Airbnb이용의도에 긍정적인 영향을 미친 것으로 나타났다. Airbnb이용의도의 설명력은 기존의 목표지향적 행동모형이 66.1%이며, 확장된 목표지향적 행동모형은 67.8%를 기록하였다.

Han et al.(2014)은 해외여행 관광객들이 공항에서 쇼핑행동을 연구할 때 과거행동의 빈도와 해외공항쇼핑에 지각된 단점 두 개 변수를 두입하였다. 여기서 해외공항쇼핑에 지각된 단점은 조절변수로 관광객들을 고와 저를 구분하여 분석을 실시한 결과 태도, 주관적 규범, 긍정적 예기정서가 열망에 유의한 영향을 미치고 열망은 공항쇼핑의도에 유의한 영향을 미치며 과거 행동빈도는 열망과 행동의도에 영향을 미치는 것으로 나타났다. 그리고 해외공항쇼핑에 대해 지각된 단점은 조절 역할을 하는 것을 확인하였으며, 공항쇼핑의도의 설명력은 72.1%로 높은 수준으로 나타났다.

Esposito et al.(2016)은 신체 활동(PA: Physical Activity)의도를 예측하기 위하여 계획행동모델과 목표지향적 행동모형을 적용하여 비교연구를 실시하였다. 그리고 이 과정에서 기술규범(Descriptive Norms)을 새로운 변수로 두 모형에 추가하였다. 분석결과는 확장된 계획행동모델이 신체활동에 대한 설명력이 낮아서 신체활동 행동의도를 정확하게 예측하지 못한다고 나타났다. 그러나 확장된 목표지향적 행동모형은 신체활동에 대한 설명력(35%)이 기존 목표지향적 행동모형(34%)보다 높은 것으로 나타났다.

이러한 측면에서 특정행동의 특징을 반영할 수 있는 변수를 추가한 확장된 목표지향적 행동모형은 관광행동의도를 설명할 수 있는 적합한 모형이라는 것이 입증되었다.

제 4 절
관광지 이미지

1. 관광지 이미지의 개념

이미지(Image)란 개인이 특정 물체에 대한 신념, 아이디어, 인상 등을 통합적으로 생각한 관념이다(Kotler, Haider, & Rein, 1993). Baloglu & McCleary(1999)에 의하면 이미지는 자극 요인과 개인적 요인에 의하여 형성되는데, 여기에서 자극요인은 정보원천 및 과거 방문경험 등으로 구성되며, 개인적 요인은 심리적 특성(동기, 가치관, 개성)과 사회 통계적 특성으로 구성된다. 이태희(1997)는 이미지는 무형(無形)적인 형태로 특정 대상에 대한 개인의 평가로 정의하였다. 이미지는 개인이 특정 대상(상품, 관광지, 회사, 국가, 브랜드 등)에 가지고 있는 신념, 생각, 인상 등을 반영하는 개념이다(윤설민·이혜미·이충기, 2012).

관광지 이미지(TDI: Tourism Destination Image)에 대한 연구는 Hunt (1975)가 처음으로 제시하였으며, 이는 그룹이 자신의 거주지가 아닌 다른 지역의 풍경(Landscape), 환경(Climatic), 조건(Condition)과 주민(Residents)에 대해 가지고 있는 언어적인(Verbal) 생각과 시각적인 (Visual) 생각으로 정의하였다. Embacher & Buttle(1989)는 관광지 이미지가 개인 또는 그룹이 관광지 방문을 통해 갖게 된 생각과 개념이며, 인지요소와 평가요소로 구성된다고 하였다. 관광지 이미지는 관광객 의사결정과정에서 중요한 요인으로, 개인이 관광지를 선택할 때 매우 큰 역할을 하였다(윤설민·이혜미·이충기, 2012; 이태희, 1997; Hunt, 1975; Park et al., 2017).

관광지 이미지의 형성과정을 살펴보면, 관광지 이미지는 방문여부에 따라 방문 전(Pre-visit) 이미지와 방문 후(Post-visit) 이미지로 구분할 수 있다. 이태희(1997)에 따르면 관광지 이미지는 관광객이 관광지를 직접 방문하지 않더라도 개인이 관광지에 대해 가지고 있는 신념과 인상 등의 통합적인 지각된 평가라고 정의하였다. Gun(1972)은 관광지를 방문하기 전 뉴스, 잡지, TV 등 각종 대중 정보를 무의식 상태에서 축적한 이미지를 유기적 이미지(Organic Image)로 정의하였다. 이러한 이미지는 개인이 2차(Secondary) 정보를 가지고 관광지에 대해 내리는 주관적인 판단이며, 실제 체험에 비해 차별성이 있는 것으로 본다(이태희, 1997). 그러나 관광지 이미지는 관광행동을 통해 수정할 수 있는 개념이다. 이것은 관광객이 유기적 이미지를 가지고 관광지를 방문한 후 관광지에 대한 인상, 느낌, 또는 신념 등이 바뀔 수 있기 때문이다. Gun(1972)은 관광객이 방문을 통해 관광지에 대해 깊게 인식한 뒤 형성한 이미지를 유인적 이미지(Induced Image)라고 정의하고, 이것을 유기적 이미지와 통합된 복합 이미지(Complex Image)의 형성과정을 제시하였다. 즉, 관광지 이미지는 관광객이 특정 관광지에 대해 갖게 되는 지식, 감정, 생각과 아이디어 또는 인식 등을 총합한 정신적인 표현이다(박은숙, 2015; Beerli & Martîn, 2004; Chen & Tsai, 2007; Fakeye & Crompton, 1991). Beerli & Martîn(2004)은 방문 후 관광지 이미지(Post-visit Image)의 형성과정을 인지적 이미지, 감정적 이미지, 그리고 총체적 이미지로 제시하였다. Um & Crompton(1999)은 관광지 이미지는 내적 요인과 외적 요인에 의해 영향을 미치는데, 내적 요인은 개인의 가치관, 동기 등으로 구성되는 반면 외적 요인은 홍보, 광고, 자극 등 사회적 자극으로 구성된다고 주장하였다. 관광지 이미지에 대한 개념은 시간과 시각에 따라 정의가 다르지만 보편적으로 관광객이 특정 관광지에 대해 가지고 있는 신념, 생각, 인상, 기억, 아이디어의 총체로 정의된다(윤설민 등, 2012).

Gallarza, Saura, & Garcia(2002)는 관광지 이미지의 특성이 다중성, 주관성, 그리고 동태성이 있다고 제시하였다. 다중성이란 관광지 내에는 여러 관광자원, 호텔, 교통시설 등이 있으며, 각각에 대한 작은 이미지를 형성하며 이들이 종합적인 관광지 이미지를 형성한다는 것이다(Echtner & Ritchie, 1993; Gallarza et al., 2002). 주관성이란 관광지 이미지에 대한 인식, 느낌, 아이디어 등은 개인의 지식과 과거경험을 통해 형성되며 사람에 따라 정의도 다르다(Gallarza et al., 2002). 마지막으로 동태성은 관광지 이미지가 시간 또는 공간에 따라 변화할 수 있기 때문에 관광마케팅 활동을 통해 그 이미지를 수정 또는 변화시킬 수 있음을 의미한다. 관광지 이미지는 다양한 측면에서 형성될 수 있기 때문에 각 측면의 이미지에 대한 연구를 수행해왔지만, 관광분야에서 많은 연구자들은 주로 관광객들이 관광지를 방문한 후에 형성된 이미지를 대상으로 연구해왔다(박은숙, 2015; Baloglu & McCleary, 1999; Beerli & Martîn, 2004; Fakeye & Crompton, 1991; Gun, 1972).

2. 관광지 이미지의 구성요인

관광지 이미지는 단일차원과 다차원으로 측정할 수 있다. 일부 학자들은 관광지 이미지를 단일차원으로 측정해 연구하였다(Papadimitriou, Apostolopoulou, & Kaplanidou, 2015; Park et al., 2017; Prayag & Ryan, 2012). Prayag & Ryan(2012)은 단일차원으로 관광지 이미지를 측정하였으며, 관광지 이미지, 장소애착 및 만족도 간의 인과관계를 파악하였다. 대부분의 연구자들은 관광지 이미지를 다차원으로 구분하여 각 구성요인간의 인과관계를 연구해왔다(박은숙, 2015; Gun, 1972; Echtner & Ritchie, 1991). <표 2-8>는 관광지 이미지의 구성요인을 제시해준다.

<표 2-8> 관광지 이미지의 구성요인

연구자	년도	인지적 이미지	정서적 이미지	총체적 이미지	능동적 이미지
Gartner et al.	1993	○	○		○
Baloglu & McCleary	1999	○	○	○	

엄서호	1999	○	○		
Beerli & Martin	2004	○	○	○	
이준형	2008	○	○		
오정근	2010	○	○		
박은숙	2015	○	○		

자료: 선행연구를 바탕으로 연구자가 재작성함.

Gartner et al.(1993)은 관광지 이미지는 인지적 이미지(Cognitive Image), 정서적 이미지(Affective Image), 그리고 능동적 이미지(Conative Image)로 구성되어 있으며, 이 세 가지 이미지 간의 상호작용을 통해 관광객의 방문경향(Predisposition for Visitation)에 영향을 미친다는 관점을 제시하였다. 여기서 인지적 이미지는 관광지에 대한 신념과 태도이고, 정서적 이미지는 동기와 관련된 관광지에 대한 감정이며, 능동적 이미지는 향후 행동과 관련된 행동의도이다(Gartner, 1996).

Baloglu & McCleary(1999)는 Gartner(1996)와 비슷한 관점을 제안하였는데, 관광지 이미지를 인지적 이미지, 정서적 이미지, 그리고 총체적 이미지(Total Image)로 구분하였다. 그리고 이 세 가지 이미지의 영향관계를 연구한 결과, 인지적 이미지가 정서적 이미지에 영향을 미치고 이 두 가지 이미지는 총체적 이미지에 영향을 미친다.

Echtner & Ritchie(1993)는 관광지 이미지를 측정하기 위해 기능적 이미지(Functional Image)와 상징적 이미지(Symbolic Image)로 분류하였는데, 이 두 가지 이미지는 Baloglu & McCleary(1999)와 Gartner(1996)가 제시한 인지적 이미지 및 정서적 이미지와 각각 유사하게 연계되어 있다(Su & He, 2015). 관광지의 기능적 이미지는 물리적인(Physical) 시설과 유형 요소로 인지적 이미지와 유사한 의미를 갖고 있으며, 상징적 이미지는 분위기, 장소애착, 기쁨 등 무형 요소로 정서적 이미지와 유사한 의미를 갖고 있다(Su & He, 2015).

박은숙(2015)은 서울과 경기지역의 스마트폰을 사용하는 주민들을 대상으로 모바일 관광정보, 관광지 이미지와 만족도 간의 인과관계를 연구하였다. 분석결과 관광지 이미지는 탐색적 요인분석을 통해 인지적 이미지와 정서적 이미지로 구분되었다. 또한, 모바일 관광정보는 두 가지 이미지에 긍정적인 영향을 미치고 이는 각각 만족도에 대해 긍정적인 영향을 미치는 것으로 나타났다.

이준혁(2008)은 외래 관광객을 대상으로 부산 이미지에 대한 탐색적 요인분석을 실시한 결과, 부산에 대한 이미지는 인지적 이미지(제품질량)와 정서적 이미지(활력)로 구분되고 있음을 밝혔다. 오정근(2010)은 외래 관광객을 대상으로 한국에 대한 이미지를 인지적 이미지와 정서적 이미지로 분류하였다. 그리고 방문 전과 후의 이미지를 비교 연구하여 실제관광행동이 이미지 형성에 중요한 영향을 미친다는 것을 보여주었다.

<표 2−7−1>에서 보는 봐와 같이 선행연구에서 관광지 이미지를 주로 인지적 이미지와 정서적 이미지로 구분하고 있으며 인지적 이미지는 관광객들의 관광지의 속성에 대한 인식과 신념이고 정서적 이미지는 관광객들의 관광지에 대한 감성과 느낌이다. 본 연구에서도 관광지 이미지를 인지적 이미지와 정서적 이미지로 구분하여 연구를 진행하고자 한다.

3. 관광지 이미지에 대한 선행연구

관광지 이미지에 대한 연구는 주로 관광지 이미지의 형성요인과 형성과정 및 이미지와 다른 변수들 간의 영향관계라는 두 부분으로 이루어져 있다(Baloglu & McCleary, 1999; Fakeye & Crompton, 1991; Wang, 2003) <표 2-9> 참조.

<표 2-9> 관광지 이미지에 대한 선행연구

연구자	연구년도	연구내용
Dong et al.	2005	외국 미디어가 4개 주최국 이미지에 대한 비교 보도
Lee et al.	2005	월드컵 개최기간 관광객의 관광지 이미지, 지각된 서비스, 만족도, 재방문, 구전간의 영향관계
Chen & Tsai	2007	관광지 이미지, 여행품질, 지각된 가치, 만족도, 행동의도간의 영향관계
윤설민 · 이충기	2012	청계천의 이미지, 지각된 가치, 만족도 및 행동의도 간의 영향관계
Jalilvand et al.	2012	온라인 구전, 관광지 이미지, 태도, 여행의도 간의 영향관계
Kaplanidou et al.	2012	순환 스포츠 이벤트와 관광지 이미지의 인식이 행동의도와 장소애착간의 영향관계
Papadimitriou et al.	2015	목적지 특징, 감정적 이미지, 전체 이미지, 재방문과 구전의도간의 영향관계
Park et al.	2017	관광지 이미지, 태도, 주관적 규범, 지각된 행동통제 및 행동의도 간의 영향관계

자료: 선행연구를 바탕으로 연구자가 제작성함.

Fakeye & Crompton(1991)은 관광지 이미지는 유지단계, 유인단계, 그리고 종합단계의 세 단계로 형성된다고 하였다. 그리고 Wang(2003)은 Chon(1990)과 Fakeye & Crompton(1991)의 모형을 바탕으로 유지단계, 유인단계, 능동(Conative)단계로 복합 관광이미지 형성과정을 제시하였다. 여기서 관광지 이미지는 동태적으로 변화하는 특징과 상호작용 관계를 함께 고려하여, 최근 연구에서 많이 활용되고 있다. Baloglu & McCleary(1999)에 따르면 관광지 이미지는 개인 요소와 자극 요소에 영향을 미친다. 여기서 개인 요소는 가치관, 동기와 같은 심리적 요소 및 연령, 교육수준 등 사회적 요소로 구성된다. 자극 요소는 수집된 정보, 과거 경험 등의 요소를 포함하여 관광지 이미지의 정서적인 형성과정을 설명한다.

관광지 이미지는 관광지의 특징(Destination Personality)과 개인이 관광지에 대해 갖는 감정(Affective Image)에 영향을 미치는 요인인데, 각 관광지의 특징을 일반화시키기 어렵다는 한계점이 있다(Papadimitriou et al., 2015). 또한, 관광지에 대한 감정은 주관적인 요소로서 개인에 따라 다르기 때문에 일관된 기준을 갖기 어렵다는 한계점을 가지고 있다. 관광지 이미지의 선행변수에 대한 연구는 많지 않지만, 관광지에서 개최한 이벤트 또는 엑스포 등이 관광지 이미지에 영향을 준다는 연구도 있다.

이충기(2002)는 외래 관광객을 대상으로 메가 이벤트인 한국 월드컵이 한국 관광지의 인지도와 이미지에 미치는 영향관계를 분석하였다. 그 결과 월드컵은 외래 관광객이 한국에 대한 인상 또는 이미지를 제고시킨 것으로 나타났다. 또한, 2008년 북경올림픽 개최기간 동안 외국 매체가 보도한 뉴스를 검토해 보면, 64개로 가장 많았던 건축에 관련된 뉴스 다음으로 관광에 관한 뉴스가 많은 것으로 나타나 이벤트가 관광지 이미지에 영향을 미친 것으로 판단할 수 있었다(Dong et al., 2005). 그러나 관광지마다 특징이 다르고 관광지 이미지에 대한 개인의 감정도 통일하기 어렵다는 한계점으로 인해 관광지 이미지는 주로 독립변수로 연구되어왔다(Chen & Tsai, 2007).

Chen & Tsai(2007)는 "품질－만족－행동의도"의 모형(Paradigm)을 기반으로 관광지 이미지와 지각된 가치를 구조방정식으로 연구한 결과, 관광지 이미지가 여행 질량과 행동의도에 직접적인 영향을 주고, 관광지 이미지－여행 품질－지각된 가치－만족－행동의도 간의 경로가 유의한 것으로 나타났다.

Papadimitriou et al.(2015)은 도시 관광객을 대상으로 연구한 결과, 관광지 특징(Destination Personality)과 정서적 이미지(Affective Image)는 관광지 전체 이미지에 긍정적인 영향을 미치며, 전체 이미지는 방문의사(Intention to Visit) 또는 추천의사(Intention to Recommend)에 영향을 미치는 것으로 나타났다. 여기서 전체 이미지는 매개역할을 담당하여 이미지와 행동의도 간의 간접적인 관계가 있음이 제시되었다(Papadimitriou et al., 2015).

관광지 이미지는 관광 행동의도에 긍정적인 영향을 미친다는 연구 결과는 Park et al.(2017)에서도 규명되었다. Park et al.(2017)은 중국 대학생을 대상으로 일본 관광에 대한 의사결정과정을 연구한 결과, 관광지 이미지는 관광행동에 대한 태도, 주관적 규범, 그리고 지각된 행동통제에 영향을 미치는 것으로 나타났다. 즉, 관광지 이미지가 선행변수로서 계획행동이론의 각 변수들에 영향을 주며, 관광객의 의사결정에 영향을 미친다는 것이다.

Lee, Lee, & Lee (2005)는 2002 월드컵 개최기간 동안 외래 관광객을 대상으로 관광지 이미지와 행동의도 간의 영향 관계를 분석하였는데, 그 결과 관광지 이미지가 서비스 품질에 대한 지각과 감정에 유의한 영향을 미치는 것으로 나타났으며, 관광만족과 재방문의도에 간접적인 영향을 주는 것으로 나타났다.

이러한 측면에서 관광지 이미지는 개인이 여행을 선택할 때 매우 중요한 요인이며, 관광객의 재방문의도에 큰 영향을 미친다. 그러므로 관광지 이미지를 선행변수로서 관광객의 방문(재방문)의도의 의사결정과정을 예측하는데 중요한 요인으로 고려해야하는 것이 바람직하다.

제 5 절
장소애착

1. 장소애착의 개념

장소애착이론은 애착이론과 장소이론을 종합하여 생성된 이론이다. 장소이론은 인문지리학, 환경심리학, 그리고 사회학 분야에서 많은 관심을 기울여왔다. 심리학에서 애착은 사람과 사람, 사람과 실물(조직) 간의 상호작용에서 산출된 특정한 감정과 심리적 결속을 의미한다(Bowlby, 1979). 애착에 대한 연구에서는 아기와 보살피는 사람(보통은 어머니) 간의 관계에서 시작하여, 두 사람이 오랫동안 상호작용을 하면서 형성된 안정성, 믿음, 사랑 등의 복잡한 감정을 연결하는 관계를 애착이라고 정의하였다(Bowlby, 1979). Bowlby(1988)는 아이의 어머니에 대한 애착과 어머니와 함께 지낸 경험이 두 사람 간 내부 인간관계를 형성하는데 영향을 미친다고 하였다. 이러한 관계는 아이들이 향후 사회에서 다른 사람과 교제할 때 가이드라인으로 작용한다. 그리고 생성된 내부관계는 아이들의 사회생활에 있어서 평생 가이드로서의 역할을 담당한다(Bowlby, 1988). 이로부터 애착이 갖는 사람에 대한 영향력이 크고 지속적인 특징을 가지고 있다는 점을 확인 할 수 있다.

Ainsworth(1978)는 애착이론을 적용하여 아이가 어머니에 대한 안전성 애착을 평가하는 낯선 상황테스트(Strange Situation Test)를 개발하였다. 애착관계는 안전성 정도에 따라 완전애착(Secure), 회피형 불안전애착(Insecure-avoidant), 반항형 불안전애착(Insecure-ambivalent)과 파열형 불안전애착(Insecure-disorganized)으로 분류할 수 있다(Ainsworth, 1978). 나아가 Hazan & Shaver(1987)는 "낭만적인 사랑은 애착과정으로 볼 수 있다(Romantic love conceptualized as an attachment process)"라는 제목의 논문을 통해 성인애착이론을 제안하였다. 이 이론은 성인 간의 사랑이 아이와 어머니 간의 애착형성과정과 같다는 것을 제시하였다. 그리고 Bartholomew & Horowitz(1991)는 성인 애착관계를 안정형(Secure), 일편단심형(Preoccupied), 공포형(Fearful)과 냉담형(Dismissing)으로 나누었다.

애착에 관련된 연구가 진행되면서, 애착이론을 사람과 사람(아이와 어머니, 성인 간) 간의 감정과 심리결속을 넘어서 사람과 객체간의 관계에 적용한 연구들이 이루어졌다(Tsai, 2012; Page, 2014). 마케팅 학자들은 개인이 제품에 대한 애착을 상품애착으로 부르며, 한 제품에 대한 애착이 높을수록 다른 제품으로의 대체가능성이 낮고 제품에 대한 충성도가 높다고 제시하였다(Page, 2014). Bidmon(2017)은 브랜드 애착은 개인과 제품 브랜드 간의 정서적인 연결이며 브랜드 충성도에 영향을 미친다고 발표하였다. 나아가 Williams & Roggenbuck(1989)은 개인이 특정 장소에 대해서도 애착을 가질 수 있다고 주장하였으며, 장소애착 개념을 처음으로 제안하였다(Williams & Roggenbuck, 1989). 애착이론은 사람간의, 사람과 객체 간의 상호작용을 통해 유발된 감정의 심리적인 결속을 의미하며 장기적으로 존재하는 관계를 다루는 이론이다(Page, 2014).

장소이론은 인문지리학과 환경심리학에서 많이 발전하였다. 장소이론에서 말하는 장소는 일반적인 의미의 공간과는 다른 개념이다. 공간은 지리적 위치와 물적 형식만을 포함한다(Tuan, 1977). 공간은 수치로 정확하게 표현할 수 있으며 문화요소를 포함하지 않는다. 장소는 명확하게 문화요소가 있으며 사회패턴이 공공범위 내에서 운영을 구체화할 수 있는 개념이다. 장소의 공간적 범위는 더 커지거나 작아질 수 있는데, 광의로는 한 국가나 도시, 협의로는 한 관광지, 커뮤니티, 공원을 나타낼 수 있다(Huang, Bao, & Geoffrey, 2006).

장소애착과 관련 있는 개념으로 장소정체성(Place Identity), 장소의존성(Place Dependence)과 장소감(Sense of Place)이 있다. Williams & Roggenbuc (1989)는 장소애착을 장소정체성과 장소의존성의 두 가지 차원으로 구성하였다. 장소의존성은 개인과 장소 간의 기능성 애착인 반면 장소정체성은 정서적인 애착이다. 따라서 장소애착을 평가하는 애착척도(22개 항목)를 개발하여 개인과 야외 관광지 간의 감정 연결관계를 측정하였다(Williams & Roggenbuck, 1989). Relph (1976)는 장소감(Sense of Place)을 제안하였는데, 이는 개인이 갖고 있는 특정한 장소 혹은 특별한 시설에 대한 감정과 심리적 결속이라고 주장하였다. 장소감은 포용적 개념이며 개인이 특정 장소에서의 경험을 통해 형성된 애착과 혐오 감정을 통합적으로 느낀 감정 결속이라고 정의하였다(Pretty, Chipuer, & Bramston, 2003). 장소감, 장소애착, 장소정체성과 장소의존성 개념 중 장소감과 장소애착에 대한 연구가 상대적으로 많이 이루어졌다. 하지만 각 개념의 경계선이 모호하고 아직 학술적으로 통일되지 않았으며, 연구에 따라 이 개념들이 통합되거나 동시에 사용되어 왔다.

장소애착 개념을 바탕으로 많은 관광학과 학자들이 관광객과 관광목적지 간의 관계를 연구해왔다(Campelo, Aitken, Thyne, & Gnoth, 2014; Lee & Kyle, 2014; Lee et al.,2012; Williams & Vaske, 2003). 장소애착을 관광분야에 적용하면, 관광객이 지리개념인 관광지에 감정을 부여하고 개인의 심리적인 요소가 개입되면서 관광객과 관광지 간의 감정이 연결된다. 이 감정은 관광객이 관광지에서 더 많은 시간을 체류하고 싶게 만들며, 관광지는 관광객에게 편안함과 안전한 심리상태를 느끼게 한다. Bricker & Kerstetter(2000)는 장소애착은 기능적 애착뿐만 아니라 정서적/행동적 애착도 포함하는 개인과 장소간의 관계를 의미하며, 관광지에 대한 애착이 높을수록 관광객들의 관광지에 대한 충성도도 높고 다른 관광지로 쉽게 옮기지 않는 특징을 보인다고 하였다. 이에 장소애착은 관광지 관리에 가장 중요한 요소이다. 박병직·김성혁·김용일(2015)은 장소애착을 개인이 특정장소에 대한 교감, 관심, 존중 등의 감성적 반응을 통해 형성한 장소적 믿음으로 정의하였다. 장소애착은 특정 지리적 대상에 대한 정서적 유대를 의미한다. 김현·송화성·김예은(2015)은 장소애착을 특정 장소를 방문하여 체험한 개인의 감정, 인지, 경험, 믿음들의 상호작용에서 발생한 정서적인 유대관계로 정의하였다.

2. 장소애착의 구성요인

장소애착을 단일차원으로 측정한 연구는 많지 않고, 주로 다차원으로 측정하였다. 구체적으로 장소애착은 2개에서 5개 차원으로 구별되며 여기에는 의존성, 정체성, 감정성, 사회적 연대와 생활 스타일이 있다(Bricker & Kerstetter, 2000; Kyle, Graefe, & Manning, 2005).

Bricker & Kerstetter(2000)는 관광객을 대상으로 관광지 애착을 연구하였으며, 장소애착을 장소정체성, 장소의존성과 생활스타일 3개 차원으로 분류하였다. Kyle et al.(2005)은 장소애착을 장소정체성, 장소의존성과 사회연결이라는 3개의 차원으로 분류하였다. 김종순 · 원형중(2016)은 남성 등산참여자를 대상으로 장소애착을 연구하였으며, 장소애착을 장소의존성과 장소정체성으로 분류하였다. 연구자들은 연구목적과 장소특징에 따라 연구 개념과 측정요인을 선택하였다. <표2-11>에 보는 바와 같이 많은 선행연구들이 장소의존성과 장소정체성을 장소애착의 측정요인으로 활용하였다. 따라서 본 연구에서도 장소의존성과 장소정체성을 활용하여 장소애착을 측정하고자 한다.

<표 2-11> 장소애착의 구성요인

연구자	년도	장소의존성	장소정체성	정서적 애착	사회적 연대	생활 스타일
Williams & Roggenbuck	1989	○	○			
Altaman & Low	1992	○	○	○		
Bricker & Kerstetter	2000	○	○			○
Kyle, Absher, & Graefe	2003	○	○			

Williams & Vask	2003	O	O			
Kyle, Graefe, & Manning	2005	O	O		O	
Gross & Brown	2008	O	O			
Lee, Kyle & Scott	2012	O	O		O	
이보미 · 오문향 · 김자현	2013	O	O			
Ramkissoon	2015	O	O	O	O	
김경렬	2016	O	O			
김종순 · 원형중	2016	O	O			
Kim, Lee & Lee	2017	O	O			

자료: 선행연구를 바탕으로 연구자가 재작성함.

장소의존성은 개인이 장소에 대한 물리적 환경을 의존하는 것이 특징이다. 즉, 장소의존성이란 기능적 애착이며 특별한 목적 또는 원하는 활동을 할 수 있도록 제공하는 특정 장소의 중요성을 의미한다. 한편, 장소의존성은 특정 장소에 대해 느끼는 친밀감의 정도로 측정할 수 있다(Kim, Lee, & Lee, 2017). 장소정체성은 개인이 장소와의 상호작용을 통해 가지게 된 인식와 감정적 유대이며, 개인이 장소의 한 부분이 됨으로써 지속적인 관계가 유지될 수 있다(Lee et al., 2012). 장소정체성은 개인이 물리적 환경과의 관계를 통해 형성하는 주관적인 신념 또는 장소에 대한 정서적 애착으로 정의된다.

3. 장소애착에 대한 선행연구

장소애착 개념은 관광학과 환경심리학 분야에서 많이 이용하였다. 주로 장소애착 형성과정과 장소애착이 태도 또는 행동에 미치는 영향에 관한 연구가 많이 진행되었다. 연구대상 주체는 거주민, 관광객, 이민자로 분류되며 연구 대상 객체는 국가, 도, 커뮤니티, 관광지, 시설 등으로 분류될 수 있다. 거주민이 생활하는 도시 또는 시설(예: 공원)에 대한 애착과 이민자가 새롭게 이동한 도시에 대해 가지는 애착에 대한 연구도 있지만, 대부분의 연구자들은 관광객이 관광지에 대해 가지는 애착을 주제로 연구하였다(Bres & Davis, 2001; Bricker & Kerstetter, 2002; Kyle, Graefe, Manning, & Bacon, 2003; Moore & Scott, 2003).

관광객의 장소애착에 영향을 주는 요소로는 몰입강도(Intensity of Involvement), 활동참여(Activity Commitment), 시간, 활용빈도, 경험 등이 있다. Bricker & Kerstetter(2002)는 미국 Whitewater 레저관광객을 대상으로 연구하였는데, 활동참여가 높은 레저관광객은 활동참여가 낮은 레저관광객에 비해 이 지역에 대한 애착이 높다고 나타났다(Moore & Scott, 2003). Kyle, Graefe, Manning, & Bacon(2003)은 애팔래치아 산맥 도보여행자(Hiker), 미국남부 강(American River)의 보트여행자(Boater)와 뉴잉글랜드 낚시꾼(Angler)을 대상으로 연구한 결과, 레저열정 또는 참여강도가 장소애착에 긍정적인 영향을 준다고 주장하였다. 도시공원 이용자가 공원 안의 작은 길에 대해 가지는 애착 연구에서는 길 이용 빈도가 높은 사람이 공원에 대한 애착이 높다는 점이 드러났다(Moore & Scott, 2003). 또한 이벤트가 장소애착에 대해 긍정적인 영향을 미친다는 연구도 이루어졌다(Bres & Davis, 2001). Bres & Davis(2001)는 미국 캔자스 연안에서 커뮤니티가 개최한 명절이벤트에 대한 연구에서, 명절이벤트가 커뮤니티의 집단 정체성과 장소정체성에 긍정적인 영향을 준다는 결과를 제시하였다.

장소애착은 관광객의 태도와 행동을 추정할 수 있는 중요한 변수로,

관광지에 이익을 가져다 줄 수 있는 요소이다(Gross & Brown, 2006; Tsai, 2012). 장소에 대한 애착이 높은 관광객들이 장소에 대한 애착이 낮은 관광객보다 관광지 환경에 대한 관심이 많고, 관광지에 환경책임행동을 더 쉽게 실시할 수 있다 (Ramkissoon, Smith, & Weiler, 2013). 나아가 관광지에 대한 애착이 높은 사람이 관광지를 다시 방문할 확률이 상대적으로 높고, 관광지에서의 지불의사도 더 높은 것으로 나타났다(Lee & Kyle, 2014; Lee et al., 2012; Qian, Su, & Zhu, 2010). 또한, 관광지에 대한 애착이 높기 때문에 다른 사람에게 추천할 수 있다는 점에서 관광객을 유치하는데 기여할 것으로 보인다.

Qian et al.(2010)의 연구 결과를 살펴보면, 중국 Tunxi 역사 사거리에 애착을 가진 관광객은 이 관광지에서 쇼핑 충성도가 더 높다고 하였으며 관광객의 관광 횟수가 많을수록 관광객의 장소애착이 높다고 하였다. Tang, Zhang, Luo, Lu, & Yang(2010)은 중국 고대마을(Xidi Hongcun & Nanping Villag)을 대상으로 연구한 결과, 주민의 장소의존성이 자원보호태도에 대해 긍정적인 영향을 주며 감정요소가 주민의 고대마을을 보호하고자 하는 인식에 중요한 역할을 한다고 하였다. Ramkissoon, Weiler, & Smith(2013)는 SEM방법으로 호주 댄튼농원 관광객을 대상으로 연구하였으며 관광객의 장소애착은 환경책임행동에 직접적인 영향을 미친다는 것을 규명하였다. 그 외에도 많은 연구자들이 장소애착과 관련된 변수들 간의 관계를 입증하였다(Kyle et al., 2004; Montakan et al., 2015; Zhang, Zhang , Wall, Gao, & Zhang, 2009).

제 6 절

계림관광

1. 관광지인 계림의 현황

계림은 <그림 2-5>과 같이 중국 남쪽 광시좡족자치주(广西壮族自治区) 동북부에 위치하고 있다. 계림의 면적은 2.78만km2이며, 계림 시내(쇼봉, 샹산, 칠별, 대색, 안산 5개구)와 링촨, 싱안, 전주, 린계, 양소, 평럭, 리푸, 룡성, 용복, 공성, 지원, 관양 12개 선(县)을 포함한다(Guilin Economic and Social Statistical Yearbook, 2013). 계림에는 약 500만 명이 거주 중이며, 그 중 소수민족은 약 80만 명이다.

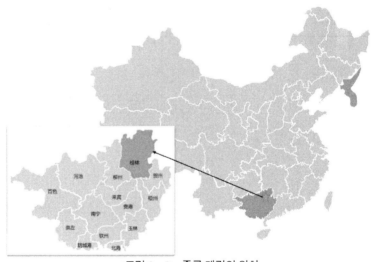

<그림 2-5> 중국 계림의 위치

출처: https://goo.gl/rcVKNY.

계림은 자연 생태관광자원이 풍부하며, 아름다운 산과 강을 만날 수 있는 곳으로서 중국뿐만 아니라 세계적으로도 잘 알려진 관광명소이다. 지방정부의 통계에 따르면 계림에는 관광자원이 총 1,099개가 있으며, 지리경관분야 231개(21.0%), 생물경관분야 112개(10.2%), 물문경관분야 78개(7.1%), 역사유산분야 364개(33.1%), 현대 인문경관분야 164개(15.0%), 관광서비스분야 150개(13.6%)로 나뉜다(Guilin Municipal People's Government, 2017). 관광서비스 경관자원 중 산수경관과 인문경관자원의 비중이 높은데 전체의 약 86.4%를 차지하고 있다.

(1) 지문경관(Geographical Landscape)

계림의 지문경관은 명산, 상형산석과 용동을 위주로 한다. 남령산맥의 중요한 구성부분오로서 계림은 월성령, 도방령, 가교령, 묘아산, 해양산, 화산산 등 많은 봉우리가 분포되어 있고 산줄기가 길게 이어져 첩첩하고 웅장한 경관을 이루고 있다. 묘아산, 진보산 등 봉우리는 해발높이가 2000m로, 이미 관광·피서 명승지로 자리 잡았다.해양산은 상강의 발원지이고 아열대 생물의 다양성이 이 산에서 충분히 체현할 수 있다. 묘아산은 또한 자강, 호강, 순강 세 갈래 강물의 발원지이므로 삼강공원(三江共源)인 독특한 자연경관을 형성하였다.

계림의 특이함과 상형산석도 일품이라 할 수 있다. 석회암 특점의 봉림, 석림도 있고 단하지모양의 방산, 단봉, 석주, 적벽, 벽동, 항곡, 형태만천으로 계림산수를 이루고 있다. 계림성구의 독수봉, 우산, 적채산, 남계산, 은산, 서산 등은 당나라부터 명산으로 세상에 이름을 날렸다. 이강 양 기슭의 상비산, 9말화산 등은 일찍 명대의 여행가 서하객의 '광동 서부 여행기'에서 기록되어 있었다. 양삭 경내에서는 더욱 기봉이 수려하여 관광 관람의 가치가 높다.

　계림은 전형적인 카르스트지형이며, 대표적인 지형은 동굴(Cave)과 돌리네(Doline)이다(<그림 2-6>). 계림 카르스트는 "중국남방카르스트"시리즈 중 중요한 지형 형태이며, "중국남방카르스트" 지형의 진화 관정을 완벽히 보존하고 있어 2014년 6월 세계유산위원회(World Heritage Committee)에서 계림의 카르스트지형을 세계유산에 선정하였다(Guilin Municipal People's Government, 2017). 계림 카르스트지형을 대표하는 관광지로는 군동굴(冠岩), 은자동굴(银子岩), 루티동굴(芦笛岩) 등이 있다. 이 동굴들은 오랜 기간 동안 폐쇄되어 있어 보호가 잘 되어 있는 종유석 동굴로 동굴 내의 종유석, 석주, 석준 등이 모두 빼어난 경관을 보인다.

<그림 2-6> 계림 은자(银子)동굴

(2) 수역 경관(Water Scenery)

　이강은 계림 산수의 영혼이라 불리 운다. 계강의 중류로 건류 길이가 164km이고 강바닥은 자갈연용(GravelKarst) 지형이므로 바닥까지 투명하게 보인다.(<그림2-7>) 이 중 계림에서 양삭까지 86km의 부분은 1년 내내 관광 여객선이 통행할 수 있고, 매년 천 만 명에 가까운 관광객이 배를 타고 산을 돌아 유람하였으며 다양한 형태의 산봉우리가 이어져 있어 '현세의 선경'이라 불리고도 한다. 이 밖에도 녹야단산을 끼고 있는 자강, 전원농사가 어우러진 금보하, 우룡하, 물살이 센 오열하 등 다양한 관광하단이 있다.

계림의 호수는 계림의 서호로 대표되는 암용호와 호, 삼호, 서청호, 보현호, 리저호 등의 인공호수인 두 가지 종류로 나눌 수 있다.이밖에도 천호, 영호, 청사담 등 현대인공저수지의 풍경도 아름다워 관광객들을 끌어들였다.

계림의 산들 사이에는 샘과 폭포가 많다. 요산의 천자전샘물의 맛 달콤하고 용승의 왜령온천, 자원의 차전만온천, 평락의 원두온천, 전주의 염정온천등은 관광객들에게 사랑받는 휴양지이다. ; 자원의 보정폭포, 여포의 천하폭포, 임계의 홍계폭포들이 너비가 넓고 물량이 많아 관광가치가 높다.

<그림 2-7> 계림 Li-river

(3) 생물 경관(Biological Landscape)

계림은 아열대 계절풍 기후에 속하며, 경내의 기후는 온화하고 비가
가득하고 햇빛이 충분하여 많은 생물들이 자랄 수 있는 좋은 환경을 제
공하였다. 계수나무 꽃은 계림의 시화이며, 꽃의 빛깔이 화려하고 꽃향
기가 사람을 즐겁게 한다.(<그림2-8>) 은삼나무와 은행나무는 계림
에서 대량으로 자라고 있고, 고남문의 고용, 천산고용, 수인고용 등 용
수나무들의 수령이 모두 천 년이나 넘었다. 또한 중국 남부 구룡산구
시범목장인 남산목장도 있어 관광 개발 잠재력이 높다.

계림의 주변에는 많은 자연 보호 구역과 삼림 공원이 분포되어 있다.
예를 들면 화평국가급자연보호구역, 묘아산국가급자연보호구역, 용승
국가급산림공원, 자원국가급산림공원, 청사담수원림보호구역, 해양산
수원림보호구역 등이 수많은 야생동물의 서식지로 되었으며 생태, 과
학탐구 등의 관광의 의미를 지니고 있다

<그림 2-8> 계림계화

(4) 역사유산(Historical Heritage)

계림은 2100여 년의 역사를 가지고 있으며 역사적 유산은 경관 자원이
풍부하다. 증피암, 교자암, 단계암 등의 동굴은 신석기시대의 유적이다.

진시황은 영남을 통일하여 홍안(兴安)에 군대를 주둔시키고, 중국 고대의 유명한 수리 공사인 영거를 남겼다.(<그림2−9>) 고남문, 명왕성, 정강왕릉에는 명대 번왕 통치 때의 찬란함을 기록하였다. 양소의 서길, 공성의 삼묘일관, 관양의 월령고민거, 홍안의 진가대원, 영천의 대고진 등 옛 건축물에서 독특한 면모가 넘쳐흐르고 있고 샹장 전투유적지, 팔로군 계림사무터 등은 중요한 혁명기념 관광자원이다. 또한 계림은 산수경관 사이에 300여 곳의 정자, 누각이 있으며 석각이 2500여 곳이나 달하며 시, 산문, 여행기, 회화 등 문학예술작품이 풍부하여 계림 산수문화가 전국적으로도 높은 수준에 자리 잡고 있다.

<그림 2−9>계림 령거

(5) 현대 인문경관

계림은 다민족이 모여 사는 지역으로, 장족 · 동동족 · 요족 · 회족 등 28개의 소수민족사람들이 이곳에서 생활하고 있고 계림 시 인구의 8.5%를 차지한다.(<그림2−10>) 그들의 순박한 민풍, 독특한 지역 문화는 농경, 유목, 절경, 복식, 음식, 혼상, 건축, 언어 문자, 종교 신앙 등 면에서 표현되어 있으며 계림의 다채로운 민속풍정화를 이루었다. 특히 장족의 대산가, 동족의 건축, 요족의 긴 머리와 그들의 전통 명절 행사가 가장 대표적이라 할 수 있다. 관광객들은 활동을 통해 소수 민족의 일상생활을 체험할 수 있다.

<그림 2-10> 요족의 소녀들과 건물

(6) 관광 서비스

계림에는 많은 이름난 특산들이 있다 예를 들면 사전유, 샤론, 라한과, 백과, 월감, 리포도란 등 농산물은 전국적으로도 유명하다. 삼화주, 고추장, 두부젖은 '계림삼보'로 불리우고, 계림쌀가루, 공성유차, 영천 개고기, 백과오리찜, 여포토란머리고기, 양삭맥주고기 등 이색적인 음식들이 널리 칭송받고 있다. 이 밖에도 계혈석, 산수자화, 계화차, 수박크림 등 지방적 특색이 있는 관광상품이 있다.

또한 계림의 오색조, 계극, 민간전설 등 지방문화적 특색을 바탕으로 한 '인상.유삼저', '상산전설' 등 대형 실경공연이 사람들의 주목을 이끌었다.(<그림 2-11>) 그리고 계림에는 주제가 다양한 전통 명절들이 있다. 예를 들면 삼월삼 명절, 양소 이강어화절, 용승 홍의절, 홍안미분절, 자원 하등절, 공성 월감절, 관양 이화절, 영천 해양은행(銀杏)절, 영복 행복장수절, 전주 상산 사찰회 등 명절도 관광객들을 이끄는 중요한 흡인물로 되고 있다.

<그림 2-11> 인상 유삼저

(7) 관광지 분포

국가질량감독검험검역총국(国家质量监督检验检疫总局)에서는 관광지를 A, AA, AAA, AAAA, AAAAA의 5등급으로 구분하고 있으며, A가 많을수록 관광지 질량등급이 높음을 의미한다. <표 2-12>에서 보는 바와 같이 계림에는 3A급 관광지 23개, 4A급 관광지 26개와 5A급 관광지 4개가 있어, 총 53개의 관광지가 상위등급의 관광지임을 확인할 수 있다(Guilin Municipal People's Government, 2017).

<표 2-12> 계림의 3A급, 4A급과 5A급 관광지

— AAAAA — ★★★★★ — AAAAA —	
Lijiang River Scenic Spot	Merryland Theme Park
Solitary Beauty Peak · Prince City Scenic Area	Two Rivers and Four Lakes · Elephant Trunk Hill Scenic Area

— AAAA —★★★★— AAAA —	
Seven Star Scenic Area	Yijiangyuan Scenic Area
Reed Flute Cave Scenic Area	Piled Silk and Fubo Hill Scenic Area
Shangri-la Tourism Area	Yangshuo Totem Trail-Gather Julong Scenic Area
Crown Cave Scenic Area	Jinzhongshan Scenic Area
Yuzi Paradise Art Garden	Nanxi Hill Scenic Area
Silver Cave Holiday Resort	Dragon Ridge Terraced Fields
Gudong Warterfall Scenic Area	Shenlong Water World Holiday Resort
Xing'an Lingqu Scenic Area	Third Sister Liu
Fengyu Cave tourism resort	Butterfly Spring Scenic Area
Longsheng Hot Spring Tourism Resort	Xishan Hill Scenic Area
Tunnel Hill Scenic Area	Luoshanhu Water Park Scenic Area
Yao Mountain Scenic Area	Xiaoyao Lake
Lipu Lijiangwan Scenic Area	Cat Hill Scenic Area

— AAA —★★★— AAA —	
Yangshuo Park	Baimian Yao Village
Zijiang Scenic Area	Yijiangnan China Carbuncle Culture Center
Lingui Twelve Rafting Scenic Area	Dragon Ridge Special Tourism Town
Jianshan Temple scenic area	Jinche Ecological Nationality Village
Nine-Horse Fressco Hill	Conghua Chinese Medicine Street
Lipu Tianhe Warterfall Scenic Area	Quanzhou Yanjing Water Spring Scenic Area
Xiangshan Temple Scenic Area	Jiangtou Scenic Area
Pingle Xianjia Water Spring Scenic Area	Shewangli Scenic Area
Ziyuan Bajiaozhai Scenic Area	Tourism University Scenic Area
Hongyan Scenic Area	Red Army Break Xiangjiang Battle Memorial Park
Gongcheng Three Temples and One Pavilion Scenic Area	Reed Flute Cave Chicken-Blood Stone Culture Center
Lingchuan Longmen Warterfall Scenic Area	

출처: China National Tourism Administration에서 연도별로 정리

(8) 사회영향

역사적으로 계림은 시인들이 선호하는 지역이었으며 계림을 배경으로 창작한 문학작품이 많이 전해 내려오고 있다. 대표적으로 당대 한유(韓愈)는 "水作青罗带,山如碧玉簪"로 이강의 산과 물을 소녀의 옷과 비녀에 비유하였다. 그리고 1980년부터 초등학교 교재에서 "계림 이강 물은 고요하고 맑고 푸르다, 계림의 산은 기이하고 수려하고 험악하다"라고 계림을 소개하였다. 오랫동안 비공식적으로 이러한 계림의 이미지가 일반인들(잠재 관광객)에게 전달되고 있었다. 또한 계림은 1995년 "계림에 가고 싶다"라는 노래를 통해 널리 알려졌으며, 시간과 금전적 여유가 있을 때 가장 가고 싶은 도시로 알려져왔다(Han, 1995). 계림에 가면 아름다운 이강(漓江)을 볼 수 있고 유삼저(刘三姐)의 노래도 들을 수 있어서 계림에 가는 것이 일생의 소원이란 의미("돈과 시간이 있으면 꼭 계림에 가야한다")라는 가사를 가진 이 노래는 중국에서 크게 유행하였으며, 당시 중국인들에게 계림의 아름다운 생태환경에 대한 긍정적인 이미지를 심어주었다.

계림은 중국 내에서 주목을 받아 왔으며, 국제적으로도 많은 관심을 받고 있다. 계림은 1973년 개혁개방 후 가장 먼저 대외적으로 개방한 관광도시 중의 하나이다. 미국의 전 대통령 리처드 닉슨(Richard Nixon)과 빌 클린턴(Bill Clinton), 독일 전 대통령 리하르트 폰 바이츠제커(Richard von Weizsacker), 유엔 전 사무총장 하비에르 페레스 데 케야르 (Javier Perez de Cuellar), 캐나다 전 총리 피에르 트뤼도(Pierre Elliot Trudeau) 등 많은 외국 원수가 계림을 방문하였다. 이들은 계림의 아름다운 자연 풍경에 빠졌으며 리처드 닉슨은 "내가 방문한 도시 중에 계림이 제일 아름답다"라고 극찬하였다. 이를 계기로 계림은 아름다운 자연환경으로 세계적으로 이름이 알려지게 되었다. 또한 계림 이강(漓江)은 미국 CNN(2013)에 의해 세계에서 제일 아름다운 15개 강 중 하나로 선정되기도 하였다. 계림은 중국에서 가장 먼저 관광산업을 개발하여 지속적으로 성장해왔고, 결과적으로 계림 양속(阳朔)은 세계관광기구(UNWTO)(2014)에 의해 중국에서 처음으로 지속가능 관광지의 관찰지역으로 선정되었다. 이것은 계림이 중국의 관광산업의 선전도시 및 대표적인 관광지로서의 중요성을 인정받은 것이라고 볼 수 있다.

한편, 계림은 국제적으로 관광학술 측면에서도 기여하였다. 유엔 세계 관광조직/환태평양지역 관광협회에서 주최하는 관광추세와 전망 국제포럼(UNWTO/PATA Anniversary Forum on Tourism Trends and Outlook)은 3회부터 지속적으로 계림에서 개최되고 있다. 이는 계림의 관광발전실적이 세계적으로 인정을 받았다는 의미이다. 메콩강 관광포럼(Mekong Tourism Forum)이 2013년 계림에서 처음으로 개최되었으며 이 또한 계림의 관광산업이 국제적으로 중요한 위치에 있다는 점이 반영된 것으로 볼 수 있다. 나아가 국가 차원에서 계림이 2020년까지 세계 최상위 관광도시 및 국제 관광명소가 될 수 있도록 지원하고 있다. 이러한 측면에서 계림은 국내·외적으로 중요한 중국의 대표적인 관광지라고 판단할 수 있다.

2. 계림 관광객 수 추이

<표 2-13>에서 보는 바와 같이 계림을 방문하는 관광객 수는 지속적으로 성장하고 있다. 1998년 계림의 관광객 수는 762만 명이었으며, 2016년에는 1998년 대비 7배가 증가한 5,386만 명을 기록하였다.

2003년 중증급성호흡기증후군(SARS: Severe Acute Respiratory Syndromes) 문제 때문에 2002년 보다 관광객 수가 감소하였지만, 2004년에는 27.3%가 증가하여 약 1,031만 명을 기록함으로써 관광산업이 회복된 것으로 나타났다. 2009년부터 2012년 까지 평균 20%의 증가율을 보이며 지속적으로 성장하여 2011년에는 최고 증가율(25.1%)을 나타냈다. 그리고 2016년의 증가율은 20.5%로 중국 전체 관광객 증가율인 11%를 초과하였다. <세계 관광경제추세보고(World Tourism Economic Trends Report)(2018)>에서 중국은 관광객 수치와 수입이 세계 1위를 차지하여 2018년에도 계속 양호하게 발전하는 것으로 보고하였다. 이러한 좋은 관광환경에서 계림의 관광산업은 지속적으로 성장할 것으로 판단된다.

<표 2-13> 1998-2016년 계림 관광객 수치

연도	1997년	1998년	1999년	2000년	2001년
관광객 수 (만명)	——	762	838	868.35	915.96
연도	2002년	2003년	2004년	2005년	2006년
관광객 수 (만명)	997.37	809.63	1030.66	1104.99	1227.33
연도	2007년	2008년	2009년	2010년	2011년
관광객 수 (만명)	1402.04	1501.88	1731.05	2097.70	2623.78
연도	2012년	2013년	2014년	2015년	2016년
관광객 수 (만명)	3110.24	3390.00	3667.90	4253.61	5383.87

출처: Guilin Municipal People's Government(2017).

왜국 관광객들은 계림 관광시장의 중요한 구성으로 늘 많은 관심을 받아왔다.<표 2－14>에서 보듯이 2010년 148만6200명이던 계림의 왜국관광객은 2017년 248만9000명으로 67.47% 증가했다. 구체적인 관광객 래원시장 분포에서 홍콩, 마카오, 대만은 비교적 가까운 관광시장으로서 지리적 우세 및 교통 등의 편의조건 때문에 전통적인 우위를 유지해 왔으며 일본과 한국이 그들의 뒤를 이었다. 그리고 정치, 경제, 교통 등 외부의 자극을 받아 동남아 시장은 최근 몇 년간 비교적 빠르게 성장했다. 또한 미국, 영국, 프랑스 등 안정적으로 성장하는 시장들이 계림의 왜국관광객이 지속적이고 안정적으로 성장할 수 있는 중요한 시장기반을 마련한다.

<표 2－14> 2010－2017년 계림 국제 관광객 수치

년도	2010년	2011년	2012년	2013년	2014년
왜래관광객 수 (만명)	148.62	164	182	193.7	203.32
년도	2015년	2016년	2017년		
왜국 관광객(만명)	216.34	233.32	248.90		

출처: 계림시 국민경제와 사회발전통계공보(2010－2017)

2012년 중국 정부는 계림을 국제관광명소(Guilin International Tourist Attraction)로 개발하기 위한 <관광개발계획(NDRC)>을 수립하였다 (Chinese State Council, 2012). 이후 중국 정부는 계림을 발전시키기 위해 많은 지원을 하였다. 먼저 2015년 귀광(귀양부터 광주까지) 고속열차(CRH: China Railway High-speed)가 개통되었다. 계림과 광주의 거리는 478km이며 고속열차 건설 이전에는 6시간이 걸렸지만 지금은 2시간 30분으로 시간이 대폭 단축되었다. <그림 2-12>에서 보는 바와 같이 고속열차를 이용하면 2시간 내에 계림에 도착할 수 있는 주변 도시가 많으며, 소요시간이 감소함으로써 주변지역 관광객이 계림을 방문할 가능성이 높아진 것이다. Bao(2017)의 연구에 따르면 중국인의 90% 이상이 계림을 알고 있으며, 이 중 80%가 계림에 최소한 한 번이라도 간다고 가정하면 약 9.9억 명(2017년 현재 중국 총 인구 13.8억)의 잠재관광객을 예상할 수 있다.

<그림 2-12> 계림에 CRH로 2시간 내에 도착할 수 있는 주변지역

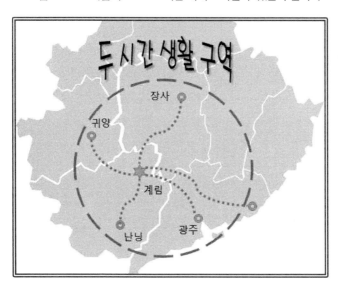

그리고 2015년부터 계림 국제공항에서는 51개 국가와 72시간 비사면제제도를 실시하였다. 계림은 아세안(ASEAN: Association of Southeast

Asian Nations) 가입 10개국(말레이시아, 인도, 태국, 필리핀, 싱가포르, 브루나이, 베트남, 라오스, 미얀마, 캄보디아)에서 방문하는 단체여행객에게 6일 동안 비자면제제도를 실시하고 있으며 중국에서 유일하게 2가지 비자면제정책을 실시하는 지방도시이다. 서해란 · 이충기(2015)의 연구결과에 의하면 비자면제정책은 관광객의 방문의도에 긍정적인 영향을 미치며 관광객의 방문행동을 유발한다는 점을 고려할 때 계림의 비자면제제도는 관광객 유치에 크게 기여할 것으로 판단된다. "계림국제 관광명소 개발계획"에서는 2020년까지 개발계획을 완료할 경우 관광수입이 1,500억 원에 이르고, 이러한 과정을 통해서 계림관광객 수가 더 큰 폭으로 증가할 것으로 예상된다.

최근 몇 년 동안 계림은 중국 여행 신문, 바이두, 동, 투우, 오늘의 헤드라인, BBC, FACEBOOK, 인스타그램, 유튜브, KOL(키리졸브) 등 유명 미디어 사이트를 이용하여 알맞는 온라인 마케팅을 펼쳤다.그리고 독일,말레이시아,한국 등을 방문하고 적극적으로 관광행사에 참가하여 계림의 해외 인지도와 영향력을 높였다.현재, FACEBOOK에서 GoGuilin의 팬수는 10만명에 달하며, 총 420개의 트윗을 올려, 100만건이 넘는 팬 인터랙티브를 얻었다.페이지당 노출률이 1500만 명에 달해 해외시장을 진일보로 개척했다.2020년까지 개발계획이 완료돼 1500억 원의 관광수입을 올릴 것으로 예상되는 '계림국제관광경량지구 개발계획'을 통해 계림 관광객 수는 크게 늘어날 것으로 보인다.

Ⅲ. 관광객 행동의도의 측정능력 비교연구

Ⅲ. 관광객 행동의도의 측정능력 비교연구
―TRA, TPB, 그리고 MGB를 중심으로

개인의 행동의도를 예측에 있어서 주로모형은 합리적 행동이론, 계획행동이론과 목표지향적 행동모형이 있다. 이 3모형을 이용하여 많은 분양에서 개인의 행동을 예측하고 있다. 그러나 관광분양에서 이 3모형을 이용하여 관광객의 방문의도를 예측하는 학자들이 많지 않다. 그리고 이 3모형이 각 장점과 단점이 있어서 많은 학자들이 이용범위와 이용효과에 대한 연구해왔다(Ji, Nie, 2017; Han, Hsu, Sheu, 2010; Shen, Wang, 2010). 본 연구에서 중국 계림에 방문한 관광객을 대상으로 합리적 행동이론, 계획행동이론과 목표지향적 행동모형을 적용하여 3모형 간의 행동의도의 예측능력을 비교하였다.

제 1 절

연구방법

1. 연구모형 및 가설 설정

(1) 합리적 행동이론

합리적 행동이론인 연구모형은 <그림 3—1>에 봐와 보는 같은 태도와 주관적 규범이 선생변수이며 행동의도가 종속변수이다.

<그림 3—1> 합리적 행동이론인 연구모형

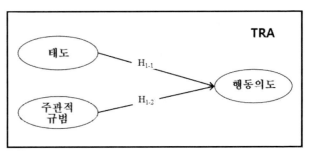

Kim&Park(1997)는 합리적 행동이론을 이용하여 비즈니스 관광객들이 호텔 선택 행동을 연구한 결과는 태도가 호텔선태행동에 긍정적인 영향을 미치는 것으로 나타났다. 그러나 주관적 규범은 비즈니스관광객들의 호텔 선택행동에 양향을 미치지 않은 것으로 나타났다. Sohn & Nam (2016)는 합리적 행동이론을 이용하여 음식관광행동을 연구한 결과는 태도와 주관적 규범이 음식관광객들의 행동의도에 긍정적인 영향을 미치는 것으로 나타났다. Lee, Qu & Kim(2007)은 합리적 행동이론으로 한국관광객의 on-line구매의도를 연구해왔다. 연구결과를 살펴

보면 합리적 행동이론을 바탕으로 개인 혁신성을 조절변수로 추가하면 개인의 구매의도를 더 잘 설명하는 것으로 나타났다. 그리고 태도와 주관적 규범은 선생변수로 행동의도에 긍정적인 영향을 미치고 개인 혁신성이 조절효과를 시도하는 것으로 나타났다. 위의 선행연구를 바탕으로 본 연구는 다음과 같은 가설을 설정하였다.

H_{1-1}: 태도는 행동의도에 정(+)의 영향을 미칠 것이다.
H_{1-2}: 주관적 규범은 행동의도에 정(+)의 영향을 미칠 것이다.

(2) 계획행동이론

본 연구의 목적은 관광객의 방문의사결정과정을 규명하는데 있어서 Ajzen, I.(1991)가 제안한 계획행동이론을 적용하여 방문객의 행동의도와 선행변수들(태도, 주관적 규범, 지각된 행동통제) 간 상호영향관계를 규명하고자 한다. 이를 위해 <그림 3-1-2>과 같은 연구모형을 설정하였다.

<그림3-2> 계획행동이론인 연구모형

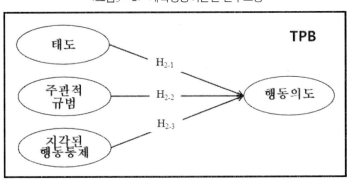

Lam & Hsu(2006)는 계획행동이론은 이용하여 관광객의 관광지 선태행동을 예측하며 연구결과를 살펴보면 주관적 규범과 지각된 행동통제가 행동의고에 긍정적인 영향을 미치는 것으로 나타났다. Han, Hsu & Sheu(2010)는 계획행동이론을 이용하여 관광객의 그린호텔 선태에 있어서 친환경행동을 연구한 결과는 태도, 주관적 규범과 지각된 행동통제가 그린호텔 선태의도에 긍정적인 영향을 미치는 것으로 나타났다. 관광분양에서 확장된 계획행동이론을 이용하여 행동의도의 예측능력을 제고하는 학자들이 있다. Hsu&Huang(2013)는 계획행동이론에 동기변수를 추가하여 확장된계획행동이론으로 관광객 행동의도를 연구해왔다. 연구결과를 살펴보면 태도, 주관적 규범과 지각된 행동통제가 행동의도에 긍정적인 영향을 미치고 행동의도의 예측능력이 5%를 제고하였다. 위의 선행연구를 바탕으로 본 연구는 다음과 같은 가설을 설정하였다.

H_{2-1} : 태도는 행동의도에 정(+)의 영향을 미칠 것이다.
H_{2-2} : 주관적 규범은 행동의도에 정(+)의 영향을 미칠 것이다.
H_{2-3} : 지각된 행동통제는 행동의도에 정(+)의 영향을 미칠 것이다.

---

(3) 목표지향적 행동모형

관광객의 방문한 의사결정과정을 규명하는데 있어서 본 연구는 Perugini & Bagozzi(2001)가 제안한 목표지향적 행동모형(MGB)을 적용하였다. 합리적 행동이론과 계획행동이론보다 목표지향적 행동모형은 개인의 감정을 더 많이 고려해서 열망, 긍정적 예기정서와 부정적 예기정성을 추가하였다. 본 연구는 목표지향적 행동모형 내에 각 구성개념 간의 상호영향관계를 규명하고자 한다. 이를 위해 <그림 3−1−3>과 같은 연구모형을 설정하였다.

<그림 3−3> 목표지향적 행동모형인 연구모형

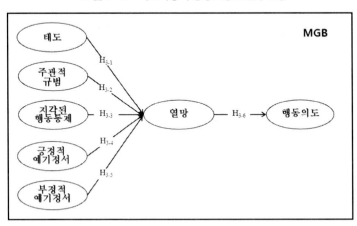

그동안 많은 연구자들이 목표지향적 행동모형을 관광분야에 적용해왔다(Han et al., 2014; Kim et al., 2012; Song et al, 2012; Song, You, Reisinger, Lee, & Lee, 2014; Song et al., 2016). 가령, Song et al.(2012)은 한국 보령머드축제를 방문한 관광객들을 대상으로 재방문의도를 분석한 결과, 태도, 주관적 규범, 긍정적 예기정서는 열망에 유의한 영향을 미치고, 열망은 축제 재방문의도에 긍정적인 영향을 미치는 것으로 나타났다. Kim et al.(2012)은 한국 사람들의 해외여행에 대한 의사결정과정을 연구한 결과, 태도, 주관적 규범, 긍정적 예기정서와 부정적 예기정서는 열망에 긍정적인 영향을 미치고, 열망과 과거행동빈도는 행동의도에 긍정적인 영향을 미치는 것으로 나타났다. Song et al.(2014)은 목표지향적 행동모형을 이용하여 한방축제를 방문한 관광객들의 의사결정과정을 연구한 결과, 태도, 주관적 규범, 긍정적 예기정서와

과거행동빈도가 열망에 긍정적인 영향을 미치고, 열망은 행동의도에 긍정적인 영향을 미치는 것으로 확인되었다. Han et al.(2014)은 해외관광객들이 공항면세점에서 쇼핑하는 행동에 대한 구매의도를 연구했는데, 태도, 주관적 규범, 긍정적 예기정서는 열망에 긍정적인 영향을 미치고, 열망과 과거행동빈도는 행동의도에 유의한 영향을 미치는 것으로 나타났다. Song et al.(2016)은 중국관광객들의 한국방문 의사결정과정을 분석한 결과, 주관적 규범, 긍정적인 예기정서, 부정적인 예기정서와 지각된 행동통제는 열망에 긍정적인 영향을 미치고, 열망은 행동의도에 유의한 영향을 미친 것으로 나타났다.

중국 연구자들의 경우 관광분야에서 많지 않지만 목표지향적 행동모형을 적용한 연구가 이루어져왔다. Huang, Chang, & Zhou(2014)은 확장된 목표지향적 행동모형을 이용하여 돌발적인 공공위생사건이 관광행동의도에 미치는 연구를 수행한 결과, 태도, 긍정적인 예기정서와 지각된 행동통제는 열망에 정(+)의 영향을 미치고, 열망은 행동의도에 정(+)의 영향을 미친 것으로 나타났다. Ji & Nie(2017)는 중국 관광객의 마카오 카지노 게임 참가여부에 대한 의사결정과정에 대해 연구한 결과, 태도, 긍정적인 예기정서 및 지각된 행동통제와 과거행동빈도는 열망에 긍정적인 영향을 미치고, 열망은 행동의도에 긍정적인 영향을 미친다는 결론을 내렸다.

국내 연구자들도 목표지향적 행동모형을 이용하여 관광분야의 연구를 수행해왔다(유주·노정희, 2016; 이양희·박대환, 2014; 이충기 등, 2017; 임재필·이충기, 2016) 가령, 이충기 등(2017)은 목표지향적 행동모형을 이용하여 청소년 승마체험에 대해 부모님의 인식을 살펴본 결과, 지각된 행동통제, 긍정적인 예기정서와 부정적인 예기정서는 열망에 유의한 영향을 미치고, 열망은 행동의도에 대해 긍정적인 영향을 미친 것으로 나타났다. 이양희·박대환(2014)은 부산 향토음식관광 행동의도를 예측하기 위해 목표지향적 행동모형을 이용한 결과, 태도, 긍정적 예기정서와 주관적 규범은 열망에 대해 정(+)의 영향을 미치고, 열망은 행동의도에 정(+)의 영향을 미친 것으로 나타났다. 여기에 과거행동빈도 변수도 추가한 결과, 과거행동빈도는 열망 또는 행동의도에 정(+)의 영향을 미친 것으로 나타났다. 유주·노정희(2016)는 목표지향적 행동모형을 이용하여 중국인 배낭여행객의 행동의도에 대해 연구한 결과, 태도와 지각된 행동통제는 열망에 긍정적인 영향을 미치고, 열망은 행동의도에 유의한 영향을 미친 것으로 나타났다. 임재필·이충기(2016)는 스쿠버다이버들에 대상으로 행동의도를 분석한 결과, 태도, 주관적 규범, 긍정적인 예기정서와 부정적인 예기정시는 열망에 정(+)의 영향을 미치고, 지각된 행동통제와 열망은 행동의도에 각각 정(+)의 영향을 미치는 것으로 나타났다. 이은지·현성협(2015)은 중국인 성형관광객의 행동의도를 연구한 결과, 태도, 긍정적인 예기정서, 부정적인 예기정서와 지각된 행동통제는 열망에 긍정적인 영향을 미치고, 열망은 행동의도에 긍정적인 영향을 미친 것으로 나타났다.

위의 선행연구들을 요약해보면, 연구의 주제와 대상에 따라서 목표지향적 행동모형의 선행변수들(태도, 주관적 규범, 긍정적인 예기정서 및 부정적인 예기정서, 지각된 행동통제)이 모두 또는 일부가 열망에 긍정적인 영향을 미치고, 열망은 행동의도에 긍정적인 영향을 미친다는 것을 알 수 있다. 한편, 모든 연구자들이 목표지향적 행동모형의 모든 선행변수들과 열망 간의 가설을 설정하여 검증을 실시하였다. 따라서 본 연구에서도 이러한 선행연구를 토대로 다음과 같은 가설을 설정하고자 한다. 특히 부정적 예기정서가 열망에 정(+)의 영향을 미치는 것은 이중부정(예:'계림을 다시 방문 하지 못한다면, 나는 실망할 것이다')으로 긍정이 되기 때문이다.

H₃₋₁: 태도는 열망에 정(+)의 영향을 미칠 것이다.
H₃₋₂: 주관적 규범은 열망에 정(+)의 영향을 미칠 것이다.
H₃₋₃: 긍정적인 예기정서는 열망에 정(+)의 영향을 미칠 것이다.
H₃₋₄: 부정적인 예기정서는 열망에 정(+)의 영향을 미칠 것이다.
H₃₋₅: 지각된 행동통제는 열망에 정(+)의 영향을 미칠 것이다.
H₃₋₆: 지각된 행도통제는 행동의도에 정(+)의 영향을 미칠 것이다.
H₃₋₇: 열망은 행동의도에 정(+)의 영향을 미칠 것이다.

2. 조사 설계

(1) 구성개념의 조작적 정의 및 측정항목 도출

조작적 정의는 추상적인 개념의 정의를 관찰이나 검증할 수 있는 항목으로 바꾸는 과정을 의미한다. 본 연구에서 사용한 구성개념에 대한 조작적 정의와 측정항목 도출은 다음과 같다.

본 연구에서 관련된 구성개념은 태도, 주관적 규범, 지각된 행동통제, 긍정적 예기정서, 부정적 예기정서, 열망, 행동의도이며 이들 개념에 대한 조작적 정의는 다음과 같다.

태도는 개인이 특정행동을 평가한 후 긍정적 또는 부정적인 판단을 하는 것을 의미한다(Ajzen, 1991). 이에 본 연구에서 태도는 관광객이 계림 방문행동에 대해 마음속에 가지고 있는 찬성이나 반대의 감정을 의미한다. 이에 본 연구에서는 선행연구(송학준 · 이충기, 2010; Ajzen & Fishbein, 1980; Lee et al., 2012; Song et al., 2012; Song et al., 2016)를 토대로 <표 3−3−1>과 같이 측정항목들을 도출하였다. 또한, 이러한 측정항목들은 리커트 5점 척도(1＝전혀 그렇지 않다, 3＝그저 그렇다, 5＝매우 그렇다)로 측정하고자 한다.

<표 3−1> 3모형에 관련된 측정항목

구분	측정항목
태도	계림 방문은 긍정적인 행동이다 계림 방문은 가치 있는 행동이다. 계림 방문은 유익한 행동이다.
주관적 규범	나에게 중요한 사람들은 내가 계림을 방문하는 것을 동의할 것이다. 나에게 중요한 사람들은 내가 계림을 방문하는 것을 지지할 것이다. 나에게 중요한 사람들은 내가 계림을 방문하는 것을 이해할 것이다.
지각된 행동 통제	나는 계림을 방문할 수 있는 여유가 있다. 나는 계림을 방문할 수 있는 경제력이 있다. 나는 계림을 방문할 수 있는 시간을 가지고 있다.
긍정적 예기 정서	계림을 다시 방문한다면, 나는 마음이 들뜰 것이다. 계림을 다시 방문한다면, 나는 기쁠 것이다. 계림을 다시 방문한다면, 나는 만족할 것이다. 계림을 다시 방문한다면, 나는 행복할 것이다.
부정적 예기 정서	계림을 다시 방문하지 못한다면, 나는 화가 날 것이다. 계림을 다시 방문하지 못한다면, 나는 실망할 것이다. 계림을 다시 방문하지 못한다면, 나는 걱정될 것이다. 계림을 다시 방문하지 못한다면, 나는 슬플 것이다.

열망	나는 가까운 미래에 계림을 다시 방문하고 싶다. 계림을 재방문하려는 나의 바람은 열정적이다. 나는 가까운 미래에 계림을 다시 방문하기를 희망한다. 나는 가까운 미래에 계림을 다시 방문하기를 열망한다.
행동 의도	나는 가까운 미래에 계림을 다시 방문할 계획이 있다. 나는 가까운 미래에 계림을 다시 방문하기 위해 노력할 것이다. 나는 가까운 미래에 계림을 다시 방문할 의도가 있다. 나는 가까운 미래에 계림을 방문하기 위해 금전과 시간을 투자할 용의가 있다.

주관적 규범은 개인에 대한 준거집단(친구, 부모님, 동료, 친척, 형제자매 등)의 특정 행동에 대한 의견이며, 개인이 사회적 압력에 대해 순응하는 정도를 의미하는 개념이다(Ajzen, 1985; Cheng et al., 2006). 이에 본 연구에서 주관적 규범은 계림을 방문하고자 하는 관광객들이 주변사람들의 의견을 적극적으로 수용할 것인지를 의미한다. 이를 측정하기 위해 본 연구에서는 선행연구(송학준 · 이충기, 2010; Ajzen & Fishbein, 1980; Lee et al., 2012; Song et al., 2012; Song, et al., 2016)를 토대로 <표 3-1>과 같이 측정항목들을 도출하였다. 또한, 이러한 측정항목들은 리커트 5점 척도(1=전혀 그렇지 않다, 3=그저 그렇다, 5=매우 그렇다)로 측정하고자 한다.

지각된 행동통제는 개인이 특정 행동을 수행할 경우 해당 행동을 수행하는 것이 자발적인 통제 범위에서 어렵거나 쉬울 것인지에 대한 지각 정도를 의미한다(Ajzen, 1991). 이에 본 연구에서 지각된 행동통제는 계림을 (재)방문할 관광객들의 시간적, 경제적 여유와 기회 유무에 대한 지각 정도를 의미한다. 다시 말하면, 계림을 방문하는데 있어서 관광객이 지각하는 시간적 또는 금전적 여유를 의미한다. 이를 측정하기 위해 본 연구에서는 선행연구(송학준 · 이충기, 2010; Ajzen & Fishbein, 1980; Lee et al., 2012; Perugini & Bagozzi, 2001; Song et al., 2016)를 토대로 <표 3-3-1>과 같이 측정항목들을 도출하였다. 또한, 이러한 측정항목들은 리커트 5점 척도(1=전혀 그렇지 않다, 3=그저 그렇다, 5=매우 그렇다)로 측정하고자 한다.

예기정서는 목표행동을 수행하기 전의 불확실한 상황에서 행동주체가 목표행동에 대해 가지게 되는 사전적 감정 상태이다(송학준 · 이충기, 2010; Perugini & Bagozzi, 2001). 본 연구에서는 긍정적 예기정서와 부정적 예기정서로 구분하여 사전적 감정을 예측하고자 한다. 이 두 가지 예기정서를 예측하기 위해 선행연구(송학준 · 이충기, 2010, 이충기 · 고성규 · 임성희, 2017; Han et al., 2014; Lee et al., 2012; Perugini & Bagozzi, 2004)를 토대로 <표 3-3-1>과 같이 측정항목들을 도출하였다. 또한, 이러한 측정항목들은 리커트 5점 척도(1=전혀 그렇지 않다, 3=그저 그렇다, 5=매우 그렇다)로 측정하고자 한다.

열망은 행동주체가 목표행동에 대해 가지는 강력한 감정으로서 동기가 부여된 마음의 상태(Motivational State of Mind)를 의미한다(이충기 등, 2017; Perugini & Bagozzi, 2001). 그리고 열망은 선행변수(태도, 주관적 규범, 지각된 행동통제, 긍정적 예기정서, 부정적 예기정서)와 행동의도 간의 매개역할을 수행하는 핵심요소이다(Lee et al., 2012; Song et al., 2012). 본 연구에서 열망은 행동주체가 가까운 미래에 나타날 행동에 대한 강한 동기로 정의하고자 한다. 즉, 관광객이 계림을 재방문하는데 있어서 강력한 동기적인 감정을 의미한다. 이에 본 연구에서는 선행연구(송학준 · 이충기, 2010; 이충기 등, 2017; Han et al., 2014; Lee et al., 2012; Perugini & Bagozzi, 2001)를 토대로 <표 3-3-

1>과 같이 측정항목들을 도출하였다. 또한, 이러한 측정항목들은 리커트 5점 척도(1=전혀 그렇지 않다, 3=그저 그렇다, 5=매우 그렇다)로 측정하고자 한다.

행동의도는 개인이 특정 행동을 실행하려는 경향이나 정도로 정의된다(Fishbein & Ajzen, 1975). 본 연구에서 재방문의도를 예측하고 행동주체가 행동을 다시 수행하고 싶은 마음의 정도로 정의한다. 즉, 국내외 관광객이 계림을 재방문하려는 마음의 감정정도를 의미한다. 이러한 방문의도를 측정하기 위해 본 연구에서는 선행연구(송학준·이충기, 2010; 이충기 등, 2017; Ajzen, 1991; Han, Kim, & Hyun, 2014; Lee et al., 2012; Perugini & Bagozzi, 2001)를 토대로 <표 3-3-1>과 같이 측정항목을 도출하였다. 또한, 이러한 측정항목들은 리커트 5점 척도(1=전혀 그렇지 않다, 3=그저 그렇다, 5=매우 그렇다)로 측정하고자 한다.

(2) 설문지 구성

<표 3-2>에서 보는 바와 같이, 본 연구를 위한 설문지는 합리적 행동이론, 계획행동이론과 목표지향적 행동모형에 근거하여 관련된 선행연구를 통해 도출된 척도들을 중심으로 구성하였다. 태도는 3개 문항, 주관적 규범은 3개 문항, 지각된 행동통제는 3개 문항, 긍정적인 예기정서는 4개 문항, 부정적인 예기정서는 4개 문항, 열망은 4개 문항, 행동의도는 4개 문항으로 각각 구성되었다. 따라서 합리적 행동이론은 총 10개 문항, 계획행동이론은 총 13개 문항, 목표지향적 행동모형은 총 21개 문항으로 구성되었으며, 리커트 5점 척도로 측정하고자 한다. 응답자의 인구통계학적 특성을 묻는 항목은 성별, 연령, 교육수준, 월평균소득이며,

각각 명목척도를 사용하고자 한다. 그밖에 동반유형, 동반자수, 방문 목적도 포함되었다.

<표 3-2> TRA, TPB과 MGB의 설문지 구성

구분	측정내용
태도	계림 방문은 긍정적인/가치 있는/유익한 행동이다.
주관적 규범	나에게 중요한 사람들은 내가 계림을 방문하는 것을 동의할/ 지지할/이해할 것이다.
지각된 행동통제	내가 원하면 계림을 언제든지 방문할 수 있다/나는 계림을 방문할 수 있는 여유/시간이 가지고 있다.
긍정적 예기정서	계림을 다시 방문한다면, 나는 마음이 들뜰/기쁠/만족할/행복할 것이다.
부정적 예기정서	계림을 다시 방문하지 못한다면, 나는 화가 날/실망할/걱정될/슬플 것이다.
열망	나는 가까운 미래에 계림을 다시 방문하고 싶다/방문하기를 희망한다/열망한다/재방문하려는 나의 바람은 열정적이다.
행동 의도	나는 가까운 미래에 계림을 다시 방문할 계획/의도가 있다/방문하기 위해 노력할 것이다/금전과 시간을 투자할 용의가 있다.
일반적/인구통계학적 특정	동반자유형, 방문목적. 성별, 연령, 교육수준, 월평균소득.

(3) 표본의 선정과 조사방법

본 연구는 계림을 방문한 국내외 관광객을 연구대상으로 편리표본추출법으로 계림 양소(阳朔), 서길(西街), 이강(漓江), 코끼리산, 은자(银子) 동굴에서 설문조사를 실시해왔다. 조사시간은 2017년 7월12일부터 9월 15일까지 주중1일과 주말1일 한주의 2일을 선태해서 설문조사를 실시하였다.

조사자가 연구목적과 기재규범을 설명한 후 조사대상이 자기기업으로 설문지를 완성하였다. 이를 통해 596부의 설문지를 수거하였다. 이 중에서 일부 항목을 응답하지 않았거나 불성실하게 응답한 15부를 제외한 581부를 최종 실증분석에 이용하였다. 한편, 내국인 관광객이 응답한 설문지는319부, 외국인 관광객이 응답한 설문지는 262부로 구성되었다.

(4) 분석방법

본 연구에서는 합리적 행동이론, 계획행동이론 또는 목표지향적 행동모형을 분석하는데 있어서 다음과 같은 분석방법을 사용하였다.

첫째, 응답자의 인구통계학적, 일반적 특성을 파악하고자 빈도분석과 기술통계분석을 실시하였다.

둘째, 측정문항들의 내적일관성 및 각 구성개념에 대한 개념타당성을 평가하기 위해 신뢰도 분석(Cronbach's α)과 확인적 요인분석(CFA: Confirmatory Factor Analysis)을 실시하였다. 측정모형의 적합도와 집중타당성 및 판별타당성을 검증하였다. 그리고 개념타당성을 확인하기 위해 표준화적재값(SFL: Standardized Factor Loadings)과 평균분산추출값(AVE: Average Variance Extracted)을 이용하였다.

셋째, 구성개념 간 판별타당성을 평가하기 위해 상관관계분석을 실시하였다. 여기서 판별타당성을 확인하기 위해 평균분산추출값(AVE)과 상관계수 제곱값을 비교한 방법과 표준오차 신뢰구간을 이용한 방법을 사용하였다.

넷째, 합리적 행동이론, 계획행동이론 또는 목표지향적 행동모형의 적합도와 구성개념 간 영향관계를 검증하기 위해서 구조방정식모형(SEM: Structural Equation Modeling)을 분석하였다. 여기서 구조모형의 적합도를 확인하기 위해 다음과 같은 적합도지수($x2/df$, GFI, CFI, NFI, RMSEA)를 사용하였다.

이러한 분석을 위해 본 연구에서는 사회과학분석에서 널리 쓰이는 통계패키지(SPSS 20.0, AMOS 19.0)를 사용하였다.

제 2 절

분석결과

1. 인구통계학적 특성

본 문에 수집한 581건의 유효한 설문지의 인구통계적 특징은 <표 3-3>에 나타난 바와 같이 응답자 중 여성은 312명으로 53.7%, 남성은 269명으로 46.3%를 차지했다. 21-30세(42.3%)가 가장 많고 31-40세(26.9%), 20세 미만(13.6%), 41-50세(8.4%), 51세 이상(8.8%) 차지하였다. 학력수준은 학부(313명53.9%)에 집중됐고 전문대(107명18.4%) 고교 및 이하(88명15.1%) 대학원 및 이상(70명12.0%) 순이었다. 국내 관광객들중 월수입이 5000원 이하(156명, 48.9%), 5001-10000원(110명, 34.5%), 10000원 이상(38명, 11.9%)으로 나타나 고소득층이 비교적 적다. 외국인 관광객의 월수입 수준은 2000달러 이하 67명(25.6%), 2001-2999달러 78명(29.8%), 3000-3999달러 49명(18.7%), 4000달러 이상 50명(19.1%)으로 비교적 균형적으로 분포된 것으로 나타났다.

<표 3-3> 인구통계학적 특성

항목	수치(빈도%)		항목	수치(빈도%)	
age (n=581)			gender (n=581)	312	(53.7)
20 below	79	(13.6)	female	269	(46.3)
21-30	246	(42.3)	male		
31-40	156	(26.9)			
41-50	49	(8.4)			
51-60	25	(4.3)	income(Yuan)(n=304)	156	(48.9)
60 above	26	(4.5)	5000 below	110	(34.5)
			5001-10000	38	(11.9)
education (n=578)			10000 above		
high school and	88	(15.1)	income(Dollar)(n=244)	67	(25.6)
under	107	(18.4)	2000 below	78	(29.8)
college	313	(53.9)	2001-2999	49	(18.7)
university	70	(12.0)	3000-3999	50	(19.1)
postgraduate			4000 above		

<표 3-4>에서 보는 바와 같이 본 연구에서는 선행연구를 바탕으로 태도(3항목), 주관적 규범(3항목), 긍정적인 예기정서(4항목), 부정적인 예기정서(4항목), 지각된 행동통제(3항목), 열망(4항목), 행동의도(4항목)로 구성하였다. 기술통계 분석결과를 살펴보면 긍정적인 예기정서 4('계림을 다시 방문한다면, 나는 행복할 것이다')의 평균치는 3.97로 가장 높게 나타난 반면, 부정적인 예기정서3('계림을 다시 방문하지 못한다면, 나는 걱정될 것이다')는 2.9733으로 가장 낮은 평균값을 보였다. 왜도와 첨도는 모두 절대치 기준으로 1.965을 벗어나지 않아 정규분포성이 있다고 판단할 수 있다. 신뢰도를 살펴보면 태도의 신뢰계수는 .832, 주관적 규범은 .862, 긍정적인 예기정서는 .918, 부정적인 예기정서는 .929, 지각된 행동통제는 .715, 열망은 .894, 행동의도는 .871으로 모두 기준치인 .70보다 높게 나타나 신뢰수준이 높은 것으로 나타났다.

<표 3-4> MGB 변수에 대한 기술통계 및 신뢰도 분석결과

구성 개념	측정항목	평균	표준 편차	외도	첨도	신뢰 계수(α)
태도	계림 방문은 긍정적인 행동이다	3.95	.739	-.520	.723	.832
	계림 방문은 가치 있는 행동이다.	3.93	.747	-.461	.528	
	계림 방문은 유익한 행동이다.	3.91	.756	-.485	.654	
주관적 규범	나에게 중요한 사람들은 내가 계림을 방문하는 것을 동의할 것이다.	3.91	.798	-.470	.409	.862
	나에게 중요한 사람들은 내가 계림을 방문하는 것을 지지할 것이다.	3.96	.814	-.549	.397	
	나에게 중요한 사람들은 내가 계림을 방문하는 것을 이해할 것이다.	3.95	.761	-.501	.355	
긍정적 예기 정서	계림을 다시 방문한다면, 나는 마음이 들뜰 것이다.	3.81	.817	-.320	-.100	.918
	계림을 다시 방문한다면, 나는 기쁠 것이다.	3.92	.821	-.447	-.100	
	계림을 다시 방문한다면, 나는 만족할 것이다.	3.91	.799	-.334	-.196	
	계림을 다시 방문한다면, 나는 행복할 것이다.	3.97	.776	-.463	.143	
부정적 예기 정서	계림을 다시 방문하지 못한다면, 나는 화가 날 것이다.	2.82	1.00	.260	-.271	.929
	계림을 다시 방문하지 못한다면, 나는 실망할 것이다.	3.00	1.01	.075	-.449	
	계림을 다시 방문하지 못한다면, 나는 걱정될 것이다.	2.81	1.04	.242	-.354	
	계림을 다시 방문하지 못한다면, 나는 슬플 것이다.	2.90	1.05	.236	-.419	
지각된 행동 통제	나는 계림을 방문할 수 있는 여유가 있다.	3.97	.789	-.596	.473	.715
	나는 계림을 방문할 수 있는 경제력이 있다.	3.89	.875	-.769	.744	
	나는 계림을 방문할 수 있는 시간을 가지고 있다.	3.68	.935	-.375	-.371	

열망	나는 가까운 미래에 계림을 다시 방문하고 싶다.	3.80	.807	−.354	.121	
	계림을 재방문하려는 나의 바람은 열정적이다.	3.94	.824	−.540	.333	.894
	나는 가까운 미래에 계림을 다시 방문하기를 희망한다.	3.80	.850	−.305	−.277	
	나는 가까운 미래에 계림을 다시 방문하기를 열망한다.	3.96	.850	−.458	−.220	
행동 의도	나는 가까운 미래에 계림을 다시 방문할 계획이 있다.	3.44	.939	−.236	−.248	
	나는 가까운 미래에 계림을 다시 방문하기 위해 노력할 것이다.	3.38	.974	−.232	−.364	.871
	나는 가까운 미래에 계림을 다시 방문할 의도가 있다.	3.74	.872	−.459	.123	
	나는 가까운 미래에 계림을 방문하기 위해 금전과 시간을 투자할 용의가 있다.	3.61	.953	−.529	.198	

2. 구성개념별 확인적 요인분석결과

본 연구에서 측정도구에 대한 요인구조와 측정모형의 타당성을 더욱 엄격하게 평가하기 위해 확인적 요인분석(CFA)을 실시하였다. 확인적 요인분석은 전체적으로 구성개념을 구성하는 측정항목들이 해당 구성개념을 적절하게 설명하는 집중(수렴)타당성을 가지고 있는지를 확인할 수 있는 방법이다. 더불어 확인적 요인분석은 측정모형의 적합성을 확인할 수 있다는 장점을 가지고 있다. 본 연구에서 합리적 행동이론, 계획행동이론과 목표지향적 행동모형에 각 확인적 요인분석을 실시하였다.

(1) 신뢰도와 타당성 평가기존

신뢰도(Reliability)는 측정하고자 하는 구성개념의 일관성 또는 정확성을 의미한다(배병렬, 2013; 이충기, 2017). 신뢰도는 내적일관성 신뢰도를 많이 이용하는데, 이는 구성개념 내에 변수 간의 일관성(Item-to-item Consistency)을 측정한다. 신뢰도는 크론바흐 알파(Cronbach's α)로 표시하여 이 수치가 높을수록 구성개념 내에 변수 간의 상관관계가 높은 것으로 판단한다. 일반적으로 신뢰도는 0.70 이상이어야 적합하다(배병렬, 2013; 이충기, 2017). 따라서 본 연구에서는 0.70을 기준으로 설정하였다.

타당성(Validity)은 측정하고자 하는 구성개념들을 정확하게 측정하는 정도를 의미한다(배병렬, 2013). 타당성에는 내용타당성과 개념타당성(Construct Validity) 등이 있는데, 일반적으로 개념타당성을 많이 이용한다(배병렬, 2013). 개념타당성은 집중타당성(Content Validity)과 판별타당성(Discriminant Validity)으로 나뉘는데, 집중타당성은 관측변수들이 구성개념을 대표할 수 있는 지를 의미한다. 일반적으로 표준화 적재값(SFL: Standard Factor Loading)과 평균분산추출값(AVE: Average Variance Extracted)으로 집중타당성을 확인할 수 있다. 판별타당성은 구성개념 간의 차별성이 있는 지를 의미한다. 일반적으로 평균분산추출값과 상관관계 제곱값을 비교하여 판별타당성을 확인할 수 있으며, 표준오차를 이용하여 신뢰구간을 확인하는 것도 하나의 방법이다.

이에 본 연구에서는 확인적 요인분석(CFA: Confirmatory Factor Analysis)을 통해 구성개념의 차원성을 검증하고, 표준화적재값(SFL)과 평균분산추출값(AVE)을 통해 집중타당성을 검증하며, 상관관계분석을 통해 판별타당성을 검증하였다. 본 연구의 구성개념에 대한 신뢰도 및 타당성 검증을 위한 분석방법 및 적합도 지수의 기준은 다음 <표 3-5>과 같다.

<표 3-5> 신뢰도 및 타당성 의 기존

적합도 지수		기준치
적합도 지수	절대부합지수	x2(p≥0.05), 표준화된 x2(CMIN/ df)(≤3), GFI(≥0.9), RMSEA(≤0.08), RMR (≤0.08)
	증분부합지수	NFI(≥0.9), TLI(=NNFI)(≥0.9), CF I(≥0.9)
집중 타당성	표준화적재값	(≥0.5 또는 ≥0.7)
	평균분산추출값(AVE)	≥0.5
판별 타당성	상관계수(∅)	AVE 〉∅2
	신뢰구간	신뢰구간(상관계수±2×표준오차)이 1을 포함하지 않음
신뢰도	개념신뢰도(CR)	(≥0.7)
	내적 일관성 (Cronbach's α)	(≥0.7)

∅2: 잠재변수 간 상관계수 제곱값

자료: 이충기(2017). 관광조사통계분석, p.234

(2) 확인적 요인분석 및 신뢰도 분석

본 연구에서 측정도구에 대한 요인구조와 측정모형의 타당성을 더욱 엄격하게 평가하기 위해 확인적 요인분석(CFA)을 실시하였다. 확인적 요인분석은 전체적으로 구성개념을 구성하는 측정항목들이 해당 구성개념을 적절하게 설명하는 집중(수렴)타당성을 가지고 있는지를 확인할 수 있는 방법이다. 더불어 확인적 요인분석은 측정모형의 적합성을 확인할 수 있다는 장점을 가지고 있다. 그리고 모형의 신뢰성을 검증하였다.

확인적 요인분석을 통해 합리적 행동이론인 측정모형의 적합도와 타당성을 검증하였다. <표3-6>에서 보는 바와 같이, 측정모형의 적합도는 CMIN/DF는 1.492(기준: ≤3)로 나타났고, GFI는 0.986, NFI는 0.987로 기준치인 0.9에 근접하게 나타나 측정모형이 적합하다고 판단할 수 있다. 또한, NNFI는 0.993(기준:≥0.9), CFI는 0.996(기준:≥0.9), RMSEA는 0.029(기준:≤0.08)로 기준치를 충족하여 양호한 모형인 것으로 확인되었다(이충기, 2016; Hair et al., 2006).

구조모형을 설정할 때 구조모형의 적합효과를 이끌어 내기 위해서 본 연구에서 3개 또는 3개 이상의 관찰항목을 이용해왔다. 확인적 요인분석 결과를 살펴보면 각 관찰항목이 구성개념에 표준화 적재값은 0.731에서 0.904사이로 모두 기준치 (0.7 또는 최소 0.5 이상)를 상회하는 것으로 나타났고, 개념 신뢰도(CR)는 0.900에서 0.924 사이로 모두 기준치(0.7)이상으로 나타났다. 또한, <표 3-2-4>에서 보는 바와 같이 구성개념의 평균분산추출값이 0.697에서 0.768사이로 모두 기준치 (0.5)를 상회하여 집중타당성을 충족하는 것으로 나타났다. 그리고 실되도 계수 Cronbach's α는 0.832에서 0.862사이로 모두 기준치 (0.7)이상으로 나타나며 구성개념의 내부 신뢰성을 충족하는 것으로 판단된다.

<표 3-6> 확인적 요인분석결과과 모형적합도-TRA

구성 개념	항 목	λ	C.R.	Cronbach's α	CR
태도	계림 방문은 긍정적인 행동이다.	0.805	18.183		
	계림 방문은 가치 있는 행동이다.	0.811	18.291	0.832	0.900
	계림 방문은 유익한 행동이다.	0.758			

주관적 규범	나에게 중요한 사람들은 내가 계림을 방문하는 것을 동의할 것이다.	0.843	20.764		
	나에게 중요한 사람들은 내가 계림을 방문하는 것을 지지할 것이다.	0.834	20.583	0.862	0.908
	나에게 중요한 사람들은 내가 계림을 방문하는 것을 이해할 것이다.	0.791			
행동 의도	나는 가까운 미래에 계림을 다시 방문할 계획이 있다.	0.731			
	나는 가까운 미래에 계림을 다시 방문할 의도가 있다.	0.808	18.521	0.855	0.924
	나는 가까운 미래에 계림을 방문하기 위해 금전과 시간을 투자할 용의가 있다.	0.904	19.259		
적합도	$x2$(CMIN/DF)=1.492, CFI=0.996, GFI=0.986, NFI=0.987, NNFI=0.993, RMSEA=0.029, RMR=0.018.				

확인적 요인분석을 통해 계획행동이론인 측정모형의 적합도와 타당성을 검증하였다. <표4-7>에서 보는 바와 같이, 측정모형의 적합도는 CMIN/DF는 1.648(기준: ≤3)로 나타났고, GFI는 0.978, NFI는 0.977로 기준치인 0.9이상으로 나타나 측정모형이 적합하다고 판단할 수 있다. 또한, NNFI는 0.987(기준:≥0.9), CFI는 0.991(기준:≥0.9), RMSEA는 0.033(기준:≤0.08)로 기준치를 충족하여 양호한 모형인 것으로 확인되었다(이충기, 2016; Hair et al., 2006).

계획행동이론인 측정모형의 확인적 요인분석 결과를 살펴보면 각 관찰항목이 구성개념에 표준화 적재값은 0.717에서 0.911사이로 모두 기준치 (0.7 또는 최소 0.5 이상)를 상회하는 것으로 나타났고, 개념 신뢰도(CR)는 0.900에서 0.926사이로 모두 기준치(0.7)이상으로 나타났다. 또한, <표 3-2-5>에서 보는 바와 같이 구성개념의 평균분산추출값이 0.680서 0.810사이로 모두 기준치(0.5)를 상회하여 집중타당성을 충족하는 것으로 나타났다. 그리고 실뢰도 계수 Cronbach's α는 0.820에서 0.862사이로 모두 기준치(0.7)이상으로 나타나며 구성개념의 내부 신뢰성을 충족하는 것으로 판단된다.

<표 3-7> 확인적 요인분석결과과 모형적합도 - TPB

구성개념	항 목	λ	C.R.	α	CR
태도	계림 방문은 긍정적인 행동이다	0.806	18.239	0.832	0.900
	계림 방문은 가치 있는 행동이다.	0.810	18.306		
	계림 방문은 유익한 행동이다.	0.758			
주관적 규범	나에게 중요한 사람들은 내가 계림을 방문하는 것을 동의할 것이다.	0.843	20.836	0.862	0.908
	나에게 중요한 사람들은 내가 계림을 방문하는 것을 지지할 것이다.	0.832	20.623		
	나에게 중요한 사람들은 내가 계림을 방문하는 것을 이해할 것이다.	0.793			
행동 의도	나는 가까운 미래에 계림을 다시 방문할 계획이 있다.	0.729		0.855	0.924
	나는 가까운 미래에 계림을 다시 방문할 의도가 있다.	0.802	18.405		
	나는 가까운 미래에 계림을 방문하기 위해 금전과 시간을 투자할 용의가 있다.	0.911	19.293		

구성개념	항목	λ	C.R.	α	CR
지각된 행동 통제	나는 계림을 방문할 수 있는 여유가 있다.	0.717	16.312	0.820	0.926
	나는 계림을 방문할 수 있는 경제력이 있다.	0.871	17.569		
	나는 계림을 방문할 수 있는 시간을 가지고 있다.	0.760			
적합도	**χ 2(CMIN/DF)=1.492, CFI=0.996, GFI=0.986, NFI=0.987, NNFI=0.993, RMSEA=0.029, RMR=0.018.**				

확인적 요인분석을 통해 목표지향적 행동모형인 측정모형의 적합도 와 타당성을 검증하였다. <표3-8>에서 보는 바와 같이, 측정모형의 적합도는 CMIN/DF는 1.648(기준: ≤3)로 나타났고, GFI는 0.978, NFI 는 0.977로 기준치인 0.9이상으로 나타나 측정모형이 적합하다고 판단 할 수 있다. 또한, NNFI는 0.987(기준: ≥0.9), CFI는 0.991(기준: ≥0.9), RMSEA는 0.033(기준: ≤0.08)로 기준치를 충족하여 양호한 모형인 것 으로 확인되었다(이충기, 2016; Hair et al., 2006).

<표 3-8> 확인적 요인분석결과과 모형적합도-MGB

구성 개념	항 목	λ	C.R.	α	CR
태도	계림 방문은 긍정적인 행동이다.	0.818	18.496	0.832	0.900
	계림 방문은 가치 있는 행동이다.	0.810	18.344		
	계림 방문은 유익한 행동이다.	0.745			
주관적 규범	나에게 중요한 사람들은 내가 계림을 방문 하는 것을 동의할 것이다.	0.844	21.031	0.862	0.908
	나에게 중요한 사람들은 내가 계림을 방문 하는 것을 지지할 것이다.	0.828	20.700		
	나에게 중요한 사람들은 내가 계림을 방문 하는 것을 이해할 것이다.	0.797			

구분	측정 항목				
행동 의도	나는 가까운 미래에 계림을 다시 방문할 계획이 있다.	0.748			
	나는 가까운 미래에 계림을 다시 방문할 의도가 있다.	0.822	23.813	0.855	0.924
	나는 가까운 미래에 계림을 방문하기 위해 금전과 시간을 투자할 용의가 있다.	0.880	20.825		
지각된 행동 통제	나는 계림을 방문할 수 있는 여유가 있다.	0.787	16.298		
	나는 계림을 방문할 수 있는 경제력이 있다.	0.805	10.809	0.820	0.926
	나는 계림을 방문할 수 있는 시간을 가지고 있다.	0.820			
긍정적 예기 정서	계림을 다시 방문한다면, 나는 마음이 들뜰 것이다.	0.832	25.110		
	계림을 다시 방문한다면, 나는 기쁠 것이다.	0.870	27.088	0.918	0.885
	계림을 다시 방문한다면, 나는 만족할 것이다.	0.886	27.937		
	계림을 다시 방문한다면, 나는 행복할 것이다.	0.951			
부정적 예기 정서	계림을 다시 방문하지 못한다면, 나는 화가 날 것이다.	0.869	29.093		
	계림을 다시 방문하지 못한다면, 나는 실망할 것이다.	0.869	29.077	0.929	0.946
	계림을 다시 방문하지 못한다면, 나는 걱정될 것이다.	0.877	29.579		
	계림을 다시 방문하지 못한다면, 나는 슬플 것이다.	0.886			
열망	나는 가까운 미래에 계림을 다시 방문하고 싶다.	0.888	28.160		
	계림을 재방문하려는 나의 바람은 열정적이다.	0.776	23.047	0.894	0.874
	나는 가까운 미래에 계림을 다시 방문하기를 희망한다.	0.859	23.481		
	나는 가까운 미래에 계림을 다시 방문하기를 열망한다.	0.767			
적합도	$x2$(CMIN/DF)=1.492, CFI=0.996, GFI=0.986, NFI=0.987, NNFI=0.993 RMSEA=0.029, RMR=0.018.				

목표지향적 행동모형인 측정모형의 확인적 요인분석 결과를 살펴보면 각 관찰항목이 구성개념에 표준화 적재값은 0.717에서 0.911사이로 모두 기준치 (0.7 또는 최소 0.5 이상)를 상회하는 것으로 나타났고, 개념 신뢰도(CR)는 0.900에서 0.926사이로 모두 기준치(0.7)이상으로 나타났다. 또한, <3-2-6>에서 보는 바와 같이 구성개념의 평균분산추출값이 0.699서 0.814사이로 모두 기준치(0.5)를 상회하여 집중타당성을 충족하는 것으로 나타났다. 그리고 실되도 계수 Cronbach's α는 0.820에서 0.862사이로 모두 기준치 (0.7)이상으로 나타나며 구성개념의 내부 신뢰성을 충족하는 것으로 판단된다.

(3) 판별 타당성 검증

측정모형의 구성개념간의 판별 타당성을 확인한 가장 효율적인 방법은 평균분산추출값(AVE)과 구성개념간 상관관계제곱값($\varnothing 2$)을 비교한 방법이다. 평균분산추출값이 구성개념간 상관관계제곱값보다 크면(AVE 〉 $\varnothing 2$), 이 두 구성개념간의 판별 타당성이 충족하는 것으로 판단된다. 반면에 두 구성개념간의 판별 타당성이 충족하지 않은 것으로 판단된다. 본 연구에서 이 방법을 이용하여 측정모형의 판별 타당성을 검증하였다.

<표 3-9>에서 보는 바와 같이, 합리적 행동이론 내에 태도와 주관적 규범 간의 상관계수는 0.664이며 3구성개념 간의 산관계수 중에 가장 높게 나타났다. 이 두 구성개념 간의 상관관계계수 제곱값은 0.441로 태도의 평균분산추출값(0.750)과 주관적 규범의 평균분산추출값(0.768)보다 낮은 것으로 나타났으며 이 두 구성개념 간의 판별다탕성이 있다고 판단할 수 있다. 같은 방법으로 태도와 행동의도, 주관적 규범과 행동의도 간의 도 판별다탕성이 있는 것으로 판단된다.

<표 3-9> 구성개념의 상관관계 행렬 몇 판별타당성 분석결과—TRA

	AT	SN	BI
태도(AT)	0.750	(0.441)	(0.239)
주관적 규범(SN)	0.664	0.768	(0.172)
행동의도(BI)	0.489	0.415	0.697

주) 하삼각 숫자는 구성개념 간 상관계수를 의미함; 상삼각 괄호 내 숫자는 잠재변수 간 상관계수의 제곱값을 의미함; 대각선의 숫자는 평균분산추출값을 의미함; _: 잠재변수 간 상관관계가 가장 높은 값.

<표 3-10>에서 보는 바와 같이, 계획행동이론 내에 태도와 주관적 규범 간의 상관계수는 0.665이며 4구성개념 간의 산관계수 중에 가장 높게 나타났다. 이 두 구성개념 간의 상관관계계수 제곱값은 0.442로 태도의 평균분산추출값(0.750)과 주관적 규범의 평균분산추출값(0.768)보다 낮은 것으로 나타났으며 이 두 구성개념 간의 판별다당성이 있다고 판단할 수 있다. 같은 방법으로 태도와 행동의도, 태도와 지각된 행동통제, 주관적 규범과 지각된 행동통제, 주관적 규범과 행동의도 간의 도 판별다당성이 있는 것으로 판단된다.

〈표 3-10〉 구성개념의 상관관계 행렬 몇 판별타당성 분석 결과—TPB

	AT	SN	PBC	BI
태도(AT)	0.750	(0.442)	(0.120)	(0.239)
주관적 규범(SN)	0.665	0.768	(0.111)	(0.173)
지각된 행동통제(PBC)	0.347	0.333	0.680	(0.114)
행동의도(BI)	0.489	0.416	0.338	0.810

주) 하삼각 숫자는 구성개념 간 상관계수를 의미함; 상삼각 괄호 내 숫자는 잠재변수 간 상관계수의 제곱값을 의미함; 대각선의 숫자는 평균분산추출값을 의미함; _: 잠재변수 간 상관관계가 가장 높은 값.

<표 3-11>에서 보는 바와 같이, 목표지향적 행동모형 내에 열망과 행동의도 간의 상관계수는 0.809이며 7구성개념 간의 산관계수 중에 가장 높게 나타났다. 이 두 구성개념 간의 상관관계계수 제곱값은 0.654로 열망의 평균분산추출값(0.699)과 행동의도의 평균분산추출값(0.752)보다 낮은 것으로 나타났으며 이 두 구성개념 간의 판별다당성이 있다고 판단할 수 있다. 같은 방법으로 7구성개념 간의 상관계수 제곱값은 각각 평균분산추출값보다 낮은 것으로 나타났으며 7구성개념 간의 판별다탕성이 있는 것으로 판단할 수 있다.

<표 3-11> 구성개념의 상관관계 행렬 몇 판별타당성 분석결과—MGB

	AT	SN	PBC	PAE	NAE	DE	BI
태도(AT)	0.750	(0.438)	(0.120)	(0.469)	(0.089)	(0.345)	(0.235)
주관적 규범(SN)	0.662	0.768	(0.111)	(0.308)	(0.091)	(0.211)	(0.171)
지각된 행동통제(PBC)	0.346	0.333	0.757	(0.084)	(0.020)	(0.125)	(0.109)
긍정적 예기정서(PAE)	0.685	0.555	0.289	0.720	(0.187)	(0.638)	(0.421)
부정적 예기정서(NAE)	0.298	0.302	0.141	0.433	0.814	(0.156)	(0.201)
열망(DE)	0.587	0.459	0.354	0.799	0.395	0.699	(0.654)
행동의도(BI)	0.485	0.413	0.330	0.649	0.448	0.809	0.752

주) 하삼각 숫자는 구성개념 간 상관계수를 의미함; 상삼각 괄호 내 숫자는 잠재변수 간 상관계수의 제곱값을 의미함; 대각선의 숫자는 평균분산추출값을 의미함; _: 잠재변수 간 상관관계가 가장 높은 값.

(3) 구조모형의 분석과 가설검증

<표 3-12>에서 보는 바와 같이, 구조모형의 모형적합도 분석결과를 살펴보면 합리적 행동이론인 구조모형의 적합도 분석결과는 x^2 (CNMI/DF)는 1.492, GFI는 0.986, NFI는 0.987, TLI는 0.993, CFI는 0.996, RMSEA는 0.029로 나타나 연구모형이 적합한 것으로 나타났다 (이충기, 2017). 계획 행동이론인 구조모형의 적합도 분석결과는 x^2 (CNMI/DF)는 1.648, GFI는 0.978, NFI는 0.977, TLI는 0.987, CFI는 0.991, RMSEA는 0.033로 나타나 연구모형이 적합한 것으로 나타났다 (이충기, 2017). 목표지향적 행동모형의 적합도 분석결과는 x^2(CNMI/ DF)는 2.431, GFI는 0.924, NFI는 0.943, TLI는 0.959, CFI는 0.965, RMSEA는 0.05로 나타나 연구모형이 적합한 것으로 나타났다(이충기, 2017). 3모형이 다 적합한 모형으로 판단된다.

<표 3-12> TRA,TPB,MGB의 적합도 분석결과

모형	x^2(CMIN/DF)	GFI	RMSEA	NFI	TLI	CFI
TRA	1.492	0.986	0.029	0.987	0.993	0.996
TPB	1.648	0.978	0.033	0.977	0.987	0.991
MGB	2.431	0.924	0.05	0.943	0.959	0.965
기존치	≤3	≥0.90	≤0.08	≥0.90	≥0.90	≥0.90

구조모형의 인과관계 분석결과를 바탕으로 가설을 검증하였다. 합리적 행동이론에 있어서 태도, 주관적 규범과 행동의도 간의 영향관계를 분석한 결과를 살펴보면 <그림 3-4>과 같다. 태도는 주관적 규범에 정(+)의 영향을 미치는 것으로 나타나(β 태도→주관적 규범=0.382, p=.000), 연구가설 H_{1-1}은 채택되었다. 주관적 규범은 행동의도에 정(+)의 영향을 미치는 것으로 나타나(β 주관적 규범→행동의도=0.161, p<0.05), 연구가설 H_{1-2}는 채택되었다. 이 두 변수가 행동의도에 대한 설명력은 25.4%로 나타났다.

<그림 3-4> 구조모형 분석결과-TRA

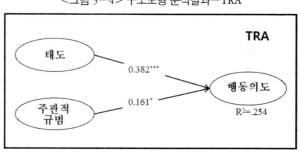

주 : *p< 0.05, **p< 0.01, ***p< 0.001

계획행동 이론에 있어서 4변수 간의 영향관계를 분석한 결과를 살펴보면<그림 3-5>과 같다. 태도는 주관적 규범에 정(+)의 영향을 미치는 것으로 나타나(β 태도→주관적 규범=0.342, p=.000), 연구가설 H_{2-1}은 채택되었다. 주관적 규범은 행동의도에 정(+)의 영향을 미치는 것으로 나타나(β 주관적 규범→행동의도=0.189, p<0.05), 연구가설 H_{2-2}는 채택되었다. 지각된 행동통제는 행동의도에 정(+)에 영향을 미치는 것으로 나타나(β 지각된 행동통제→행동의도=0.176, p=.000), 연구가설 H_{2-3}은

채택되었다. 태도, 주관적 규범과 지각된 행동통제가 행동의도에 대한
설명력은 28.1%로 나타났다.

〈그림 3-5〉 구조모형 분석결과—TPB

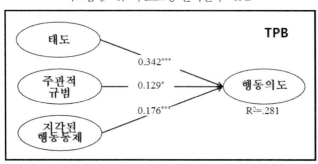

주 : *p〈 0.05, **p〈 0.01, ***p〈 0.001

목표지향적 행동모형의 구성개념 간의 영향관계를 분석결과는 <그
림 3-6>에 보는 보아 같이, 지각된 행동통제는 열망에 정(+)의 영향
을 미치는 것으로 나타나(β 지각된 행동통제→열망=0.107, p<0.05), 연구가
설 H_{3-3}는 채택되었다. 긍정적 예기정서는 열망에 정(+)의 영향을 미
치는 것으로 나타나(β 긍정적 예기정서→열망=0.704, p=.000), 연구가설 H_{3-4}
는 채택되었다. 부정적 예기정서는 열망에 정(+)의 영향을 미치는 것
으로 나타나(β 부정적 예기정서→열망=0.086, p<0.05), 연구가설 H_{3-5}는 기
각되었다. 한편, 열망은 행동의도에 정(+)의 영향을 미치는 것으로 나
타나(β 열망→행동의도=0.815, p=.000), 연구가설 H_{3-6}은 채택되었다. 반
면에 태도는 열망에 정(+)의 영향을 미치지 않는 것으로 나타나(β 태도
→열망=0.061, p〉0.05), 연구가설 H_{3-1}은 기각되었다. 그리고 주관적
규범은 열망에 정(+)의 영향을 미치지 않는 것으로 나타나(β 주관적 규범

→열망=−0.027, p 〉0.05), 연구가설 H_{3-2}는 기각되었다. 선행변수들 (태도, 주관적 규범, 지각된 행동통제, 긍정적 예기정서와 부정적 예기정서)이 열망을 65.7%설명할 수 있다는 판단된다. 열만은 행동의도에 대해 66.5%설명력이 있는 것으로 나타났다. 3모형이 행동의도에 대한 설명력을 비교하면 목표지향적 행동모형이 행동의도에 대한 설명력 (65.7%)이 제일 높으며 다음은 계획행동이론이 28.1%, 합리적 행동이론이 25.4% 순서로 나타났다.

<그림 3−6> 구조모형 분석결과−MGB

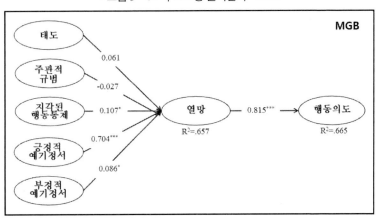

주 : *p〈 0.05, **p〈 0.01, ***p〈 0.001

(4) 목표지향적 행동모형의 직 · 간접 및 총 효과분석

합리적 행동이론과 계획행동이론을 비해 목표지향적 행동모형이 열망을 매개변수로 행동의도에 긍정적인 영향을 미치다. 열망이 매개효과가 있는지를 확인하려고 본 연구에서 통계소프트웨어 AMOS에서 Bootstrap도구를 이용하여 목표지향적 행동모형의 직접효과, 간접효과과 총효과를 분석하였다. 분석결과는 <표 3-13>보는 보아 같이 지각된 행동통제가 행동의도에 간접효과는 0.087(=0.107×0.815, p<0.05), 긍정적 예기정서가 행동의도에 간접효과는 0.574(=0.704×0.815, p<0.05), 부정적 예기정서가 행동의도에 간접효과는 0.070(=0.086×0.815, p<0.01). 그래서 열망변수가 선행변수들(지각된 행동통제, 긍정적 예기정서, 부정적 예기정서)과 행동의도 간의 매개효과가 있는 것으로 판단된다.

<표 3-13> 목표지향적 행동모형의 직·간접 및 총 효과분석결과

효과	구성 개념	태도	주관적 규범	지각된 행동통제	긍정적 예기정서	부정적 예기정서	열망
직접 효과	열망	0.061	−0.027	0.107*	0.704*	0.086*	
	행동의도						0.815*
간접 효과	행동의도	0.076	0.053	0.037*	0.068**	0.026*	
총효과	행동의도	0.050	−0.022	0.087*	0.574**	0.070*	0.815*

제 3 절
비교연구결론

본 문서는 TRA, TPB, MGB를 사용하여 계림 여행자의 재방문 행위의 의사결정 과정을 비교 분석하여 다음과 같은 주요 결론을 얻었다.

첫째, 여행자의 목적지 선택에 대한 선택 행위 예측 능력, MGB>TPB>TRA. TRA의 행위의사해석력 25.4%, TPB의 행위의사해석력

28.1%, MGB 중 5개 선행변수가 욕망에 대한 해석력은 65.7%, 행위의 사에 대한 욕망의 해석력은 66.5%로 TPB의 행위예측능력(28.1%)보다 38.4%높다. MGB가 TRA와 TPB보다 행위에 대한 의사가 더 높은 행위 예측 능력을 가지고 있다는 것을 판단할 수 있다.그러나 TRA와 TPB에서는 행위 의사에 긍정적인 영향을 미치는 태도와 주관적인 규범이 MGB에서 욕망에 대한 현저한 영향을 미치지 않았다. 이는 MGB에 추가되는 기타 변수(긍정적 기대감정, 부정적인 기대감정과 욕구)로 인한 억제효과(SuppressionEffect) 때문이다. 억제효과를 검증하기 위하여, 본문은 이원 선형 회귀법을 사용하여 태도와 주관적 규범과 욕망 사이의 인과관계를 분석하였다. 결과는 태도(β =.336, p<0.000)와 주관적 규범(β =.160, p<0.000)이 욕망에 현저한 긍정적 영향을 미치는 것으로 나타나 태도와 주관적 규범이 욕망에 영향을 미치는 잠재적 변수를 설명하였다.

둘째, 여행자들이 여해 목적지의 선택 행위에 정서적 요인에 중요한 역할을 하였다.MGB모델의 연구 결과에서는 태도변수에 비해 긍정적인 기대감정변수가 욕망에 가장 큰 영향을 미친다(70.4%). 이는 개체가 여행 목적지를 선택할 때 주로 고려하는 요소가 정서적 요소임을 설명하였다.MGB모델에서는 행위의사에 대한 욕망의 해석력이 81.5%로, TRA와 TPB에서 가장 큰 영향을 미치는 태도에 비해 행위의사에 대한 해석력은 각각 38.2%와 34.2%이다. 이는 욕망이 행위의 의사 형성에 중요한 직접적인 변수임을 설명하였다. 욕망은 선행변수와 행위의사 사이에 매개변수의 역할을 하였다, 즉 선행변수는 욕망을 통해 행위의사에 간접적인 영향을 미쳤다. 동시에 감정적인 요소(정서와 욕구를 적극적으로 기대)가 여행자의 의사결정 행위에 미치는 중요한 영향을 인정하였다.

마지막으로, 감지 행위 통제는 TPB와 MGB 에서 모 현저한 영향을 미쳤는데 이는 여행자들이 시간적, 경제적 제한을 받는데 즉 시간적, 자금적 조건이 만족되는 경우에는 여행자들이 계림을 다시 방문하려고 하는 것을 설명한다. 정부 · 관광업체들은 상대적을 가격이 낮고 질이 높은 관광 상품을 책정하는것을 통해 잠재 여행자를 유치할 수 있다. 이와 함께 교통환경을 개선해 여행자의 출입시간을 단축하는 등의 방법으로 시간, 자금 등 외적 요인이 행위 의사결정에 미치는 영향을 약화시킬 수 있다.

Ⅳ. 목표지향적 행동모형을 이용한 중국계림 방문의사결정 연구

IV. 목표지향적 행동모형을 이용한
중국계림 방문의사결정 연구
—관광지이미지와 장소애착을 확장변수로

중국이 세계에서 제일 큰 관광시장이며 2018년 55.4억 국내와 국제 관광객이 관광행동을 실시해왔다. 중국 정부에서 관광행동을 매우 추진하며 더 많은 사람들이 관광행동을 실시한 추세이다. 그래서 중국관광객을 대상으로 연구한 필요성이 있으며 관광지를 선태과정을 연구한 것을 제일 중요한 것으로 생각한다. 중국 관광지에서 국내 또는 국제 인지도가 제일 큰 관광지 중에 계림은 하나이다. 그래서 본 연구에서 계림 관광객을 대상으로 연구하고자 한다.

이러한 측면에서 세계적인 관광지로서의 계림을 방문하는 관광객들이 어떠한 의사결정과정을 통해 이곳을 방문하는지를 체계적으로 분석해보는 것은 학술적 뿐만 아니라 실무적 차원에서 의미 있는 연구라고 생각한다.

제 1 절

연구방법

1. 연구모형 설정

본 연구의 목적은 중국 계림에 방문한 의사결정과정을 규명하는데 있다. 앞서 연구한 결과를 다르면 목표지향적 행동모형이 행동의도를 예측하는데 있어서 합리적 행동이론 또는 계획행동이론보다 설명력이 높은 것으로 나타났다. 그래서 본 연구는 목표지향적 행동모형을 적용하였다. 그리고 Perugini & Bagozzi(2001)는 목표지향적 행동모형(MGB)의 설명력을 높이기 위해서는 새로운 변수를 추가한 소위 확장된 목표지향적 행동모형(EMGB: Extended MGB)을 제안하였다. 새로운 변수는 본 연구의 대상인 계림 생태관광지의 특성을 잘 반영해줄 수 있는 개념이어야 한다. 이를 위해 본 연구는 계림의 특성을 잘 반영하는 새로운 변수들(관광지 이미지, 장소애착)을 추가하여 (Kim et al., 2017; Knight, 2008; Lee et al., 2005; Song, Cheng, & Wu, 2015) 확장된 목표지향적 행동모형(EMGB)을 검증하고자 한다. 위의 이론적 근거와 선행연구를 토대로 <그림 4-1>과 같은 연구모형을 설정하였다.

<그림 4-1> 연구모형

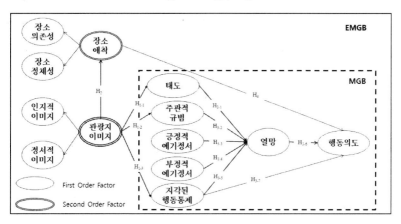

2. 가설 설정

(1) 관광지 이미지와 태도, 주관적 규범 및 지각된 행동통제 간의 관계

관광지 이미지는 관광객이 특정 관광지에 대해 가지고 있는 신념, 생각, 인상 등의 총체를 의미한다(윤설민 등, 2012; 이태희, 1997). 다시 말하면, 관광지 이미지는 관광객의 지식, 신념, 느낌, 생각, 관점, 아이디어 등과 같이 통합적으로 형성된 관광지에 대한 정신적인 인상을 의미한다(Fakeye & Crompton, 1991; Park et al., 2017). 이미지는 개인의 의사결정과정에 있어서 중요한 역할을 한다(Chen & Tsai, 2007; Guido, 2012; Park et al., 2017). 한편, 개인의 의사결정과정을 연구하는데 계획행동이론이 많이 적용되어 왔으며, 이미지와 계획행동모형 변수들(태도, 주관적 규범, 지각된 행동통제) 간의 영향관계에 대한 연구도 수행되어 왔다(Guido, Prete, & Peluso, 2012; Part et al., 2017)

Guido et al.(2012)은 확장된 계획행동모형을 적용하여 유기농 식품

의 이미지가 구매의도에 미치는 영향관계를 연구하였다. 여기서 유기
농 식품의 이미지는 자연적(Naturalness) 이미지와 진정성(Authenticity)
이미지로 나뉘었으며, 이러한 이미지는 태도, 주관적 규범, 지각된 행
동통제, 윤리적 규범(MN: Moral Norm)에 대해 모두 긍정적인 영향을
미치는 것으로 나타났다. 구체적으로 설명하면, 진정성 이미지는 태도
와 윤리적 규범에 유의한 영향을 미치고, 자연적 이미지는 주관적 규범
과 윤리적 규범에 긍정적인 영향을 미치며, 태도, 주관적 규범, 지각된
행동통제와 윤리적 규범은 구매의도에 유의한 영향을 미치는 것으로
나타났다.

Park et al.(2017)은 중국 대학생들의 일본관광에 대한 의사결정과정
을 연구한 결과, 일본에 대한 이미지는 태도, 주관적 규범, 지각된 행동
통제에 정(+)의 영향을 미치는 것으로 나타났다. 이는 좋은 이미지를
가진 관광지는 관광객에게 긍정적인 방문태도를 형성하고, 준거집단
에서도 그 관광객의 방문행동을 찬성 또는 지지할 가능성이 높다는 것
을 제시해준다. 그리고 관광지의 이미지가 좋은 경우 그 관광지에 대한
지각된 행동통제도 높다고 판단할 수 있다.

이러한 측면에서 관광지 이미지는 태도, 주관적 규범, 지각된 행동통
제에 긍정적인 영향을 미치며, 관광지 이미지는 그중에서도 태도에 가
장 큰 영향을 미치는 것으로 나타나 관광지 이미지와 태도 간에 많은
연구가 이루어졌다(Chen & Tsai, 2007; Jalilvand, Samiei, Dini, &
Manzari, 2012; Kim & Richardson, 2003; Song et al., 2014). Song et
al.(2014)은 한방축제에 대한 행동의도를 예측하는데 있어서 이미지는
축제방문 태도에 대한 긍정적인 영향을 미치는 것으로 나타났고, 재방
문의도에는 간접적인 영향을 미치는 것으로 나타났다. Jalilvand et

al.(2012)은 외래 관광객이 이스파한(Isfahan)에 대한 이미지는 태도에 정(+)의 영향을 미치고, 태도는 행동의도에 유의한 영향을 미친다고 하였다. Phillips & Jang(2008)은 관광지 이미지와 태도 간의 영향관계를 살펴본 결과, 지각된 이미지는 태도에 긍정적인 영향을 미치며, 이러한 관계는 Kim & Richardson(2003)에서도 동일하게 나타났다.

앞서 검토한 선행연구를 토대로 본 연구에서는 계림에 대한 이미지는 계림 행동의도(재방문의사)에 대한 태도, 주관적 규범, 지각된 행동통제에 영향을 미칠 것으로 가정하고 다음과 같은 가설을 설정하였다.

H_{1-1}: 관광지 이미지는 태도에 정(+)의 영향을 미칠 것이다.
H_{1-2}: 관광지 이미지는 주관적 규범에 정(+)의 영향을 미칠 것이다.
H_{1-3}: 관광지 이미지는 지각된 행동통제에 정(+)의 영향을 미칠 것이다.

---

(2) 관광지 이미지와 장소애착 간의 관계

관광지 이미지는 관광객들이 관광지에 대한 신념, 생각, 인상 등의 평가로 관광지에 대한 애착을 형성한다는 사실이 많은 연구자들에 의해서 입증되었다(Hou, Lin, & Morais, 2005; Kaplanidou et al., 2012; Prayagl & Ryan, 2012; Veasna, Wu, & Huang, 2013).

Prayagl & Ryan(2012)은 모리셔스(Mauritius)의 호텔 이용자들을 대상으로 관광지 이미지와 장소애착 간의 관계를 살펴본 결과, 관광지 이미지에 대한 평가가 긍정적일수록 그 관광지에 대한 애착심이 높은 것으로 나타났다. Hou et al.(2005)은 대만의 하카(Hakka) 사람과 비(Non)하카 사람들을 대상으로 문화관광지의 장소애착에 대한 연구를 수행한 결과, 관광지 이미지는 장소애착에 긍정적인 영향을 미치는 것으로 나타났다. Kaplanidou et al.(2012)은 스포츠 관광축제 관광객을 대상으로 Online조사를 통해 표본을 추출하여 연구한 결과, 축제 이미지와 장소의존성 간에 유의한 영향관계가 존재하는 것으로 나타났다. Veasna et al.(2013)은 캄보디아의 세계유산 앙코르와트(Angkor Wat)와 대만의 101고층건물에 대해 외래 관광객들을 대상으로 신뢰도, 이미지, 애착과 만족도 간의 영향관계를 살펴보았다. 분석결과 관광지 이미지는 장소애착에 긍정적인 영향을 미치고, 장소애착은 만족도에 영향을 미쳤으며, 장소애착은 관광지 이미지와 만족도 간에 매개역할을 수행하는 것으로 나타났다(Veasna et al., 2013).

앞서 검토한 선행연구를 토대로 본 연구에서는 관광지 이미지는 장소애착에 영향을 미칠 것으로 가정하고 다음과 같은 가설을 설정하였다.

H$_2$: 관광지 이미지는 장소애착에 정(+)의 영향을 미칠 것이다.

(3) 목표지향적 행동모형의 구성개념 간의 관계

목표지향적 행동모형은 의지적인/비의지적인, 동기적인, 정서적인 요인들을 모두 포함하는 개인의 의사결정과정을 예측하는 모형으로서, 모형의 신뢰도와 타당성은 다양한 분야에서 실증적으로 입증되었다(송학준·이충기, 2010; Han et al., 2014; Song et al., 2012; Song et al., 2016). 목표지향적 행동모형은 기존 합리적 행동이론(TRA)과 계획행동이론(TPB)의 선행요인인 태도, 주관적 규범, 지각된 행동통제를 기반으로 예기정서(긍정적, 부정적)와 열망요인을 추가하였다(Perugini & Bagozzi, 2001). 열망은 선행요인인 태도, 주관적 규범, 지각된 행동통제, 긍정적인 예기정서, 부정적인 예기정서와 결과변수인 행동의도 간에 매개역할을 수행하게 된다(Perugini & Bagozzi, 2001).

앞서 제3장에서 목표지향적 행동모형의 구성개념 간이 영향관계를 설명하였다. 행동의도 설명력에 대한 더 보완하고자한다. Lim&Lee (2016)에 MGB를 이용하여 잠수 행위에 대한 의사결정 프로세스 연구하였는데, 그 결과 태도, 주관적 규범, 긍정적 기대 감정과 부정적인 기대 감정은 욕망에 긍정적 영향을 미치고, 욕망과 감지 행위 통제는 행위 의사에 긍정적인 영향을 미쳤고, 행위 의사에 대한 해석력이 77.3%에 달해 행위 의사결정 과정을 더 잘 예측할 수 있었다.행위 의사에 대한 더 좋은 해석과 예측을 위해 학자들은 특정 관광 활동에 따라 선행 변수 EMGB(Extended MGB)를 추가할 수 있다. 연구를 통해 일부 특정 활동에 특정 요소를 추가하는 것이 확실히 행위 해석력을 증대시킨다는 것으로 나타난다. Lee, Ko & Lim (2017)은 청소년 승마 운동에 대한 부모의 인지 연구에 MGB 모델을 적용하였는데, 그 결과 감지 해위 통제, 긍정적인 기대 감정과 부정적인 기대 감정이 욕망에 현저한 영향을 미친다는 것으로 나타났고 욕망은 행동의사에 현저한 영향을 미치고 동시에 행위의사에 대한 해석력은 60.1%이다.Song, Lee, Kang,& Boo (2012)[11]1424에 MGB 모델을 적용하여 여행자의 폴링 진흙 축제 재방문 의향을 연구하였는데 이 모델은 재방문 의사에 대한 해석력이 71.5%에 달하며, 높은 설명 능력을 가지고 있다. 이 모델에서 태도, 주관적 규범, 긍정적 기대감정은 욕망에 현저한 영향을 미치고 욕망과 감지행위 통제는 재방문 의사에 현저한 영향을 미쳤다.

앞서 검토한 선행연구를 토대로 본 연구에서는 목표지향적 행동모형 내에 구성개념간의 영향관계는 다음과 같은 가설을 설정하였다.

H_{3-1}: 태도는 열망에 정(+)의 영향을 미칠 것이다.

H_{3-2}: 주관적 규범은 열망에 정(+)의 영향을 미칠 것이다.

H_{3-3}: 긍정적인 예기정서는 열망에 정(+)의 영향을 미칠 것이다.

H_{3-4}: 부정적인 예기정서는 열망에 정(+)의 영향을 미칠 것이다.

H_{3-5}: 지각된 행동통제는 열망에 정(+)의 영향을 미칠 것이다.

H_{3-6}: 지각된 행도통제는 행동의도에 정(+)의 영향을 미칠 것이다.

H_{3-7}: 열망은 행동의도에 정(+)의 영향을 미칠 것이다.

(4) 장소애착과 행동의도 간의 관계

장소애착은 개인이 특정 장소와 상호작용하여 형성된 감정의 연결이며, 특정 장소에서 안전감, 즐거움, 의존감 등을 느낄 수 있는 강한 감정이다(Lee, Kyle, & Scott, 2012). 관광객들이 관광지에 대한 애착이 높을수록 방문 또는 재방문의도가 높은 편이며, 많은 연구자들이 이를 입증하였다(권장옥 · 김장원 · 이재은, 2017; Brown, Smith, & Assaker, 2013; Ramkissoon, 2015; Tsai, 2012).

Ramkissoon(2015)은 아프리카의 섬(African Island) 경제를 연구한 결과, 장소애착의 하위차원인 장소의존성, 장소정체성, 장소감정과 장소사회연결성 모두 문화관광에 대한 태도에 긍정적인 영향을 미쳤을 뿐만 아니라, 행동의도에도 유의한 영향을 주는 것으로 나타났다. Tsai(2012)는 외래 관광객들의 싱가포르에 대한 재방문의도를 연구한 결과, 장소의존성, 장소정체성과 감정적 애착이 모두 재방문의도에 유의한 영향을 미치는 것으로 나타났다.

Brown et al.(2013)은 런던 올림픽 개최기간 동안 관광객을 대상으로 관광지 애착, 스포츠 참가, 개최국 평가, 만족도와 재방문의도 간의 영향관계를 연구하였다. 여기서 관광지 애착은 장소의존성, 장소정체성, 장소에 대한 감정과 장소 상징성으로 1차 요인을 구성하였으며, 관광지 애착은 재방문의도에 긍정적인 영향을 미치는 것으로 나타났다. 권장옥 등(2017)은 지역이벤트 참가자를 대상으로 재방문 의사결정과정을 연구한 결과, 장소애착이 지역이벤트 재방문의도에 유의한 영향을 미치는 것으로 나타났다. 그리고 장소애착은 참가자의 전문화 수준과 재방문의도 간에 매개역할을 수행한 것으로 드러났다.

위의 선행연구들을 요약하면, 특정 장소에 대한 감정연결은 특정 장소에 대한 안전감과 강한 상호연관성을 유지시킴으로써 관광객의 행동의도에 영향을 미친다. 즉, 관광지에 대한 애착이 높을수록 관광객은 그곳에서 더 오랫동안 체류하고 싶고, 관광지는 관광객에게 편안하고 안전한 심리상태를 느끼게 한다.

따라서 계림에 대한 장소애착은 계림에 대한 행동의도(재방문의도)에 유의한 영향을 미칠 것으로 예상되므로 다음과 같은 가설을 설정하였다.

H4: 장소애착은 행동의도에 정(+)의 영향을 미칠 것이다.

3. 조사 설계

(1) 구성개념의 조작적 정의 및 측정항목 도출

조작적 정의는 추상적인 개념의 정의를 관찰이나 검증할 수 있는 항목으로 바꾸는 과정을 의미한다. 본 연구에서 사용한 구성개념에 대한 조작적 정의와 측정항목 도출은 다음과 같다.

관광지 이미지는 개인이 관광지에서 취득한 정보와 감정을 토대로 형성된 인상이나 개념이며, 이는 인지적 이미지와 정서적 이미지로 구분된다(Embacher & Buttle, 1989; Su & He, 2015). 인지적 이미지는 관광지에서 존재하는 실제 사실에 대한 신념과 태도이고, 정서적 이미지는 동기와 관련된 개인의 가치관을 바탕으로 형성된 정서적인 인식이다. 본 연구에서 관광지 이미지는 관광객이 계림에 대해 느끼는 실제적인 인식과 정서적인 감정을 의미한다. 따라서 본 연구에서는 선행연구(Chen & Tsai, 2007; Embacher & Buttle, 1989; Lee, Lee, & Lee, 2005)를 토대로 인지적 이미지(매력), 정서적 이미지 요인으로 구성하고 각각에 대한 측정항목들을 도출하였다(<표 4-1-1> 참조). 또한, 이러한 측정항목들은 리커트 5점 척도(1=전혀 그렇지 않다, 3=그저 그렇다, 5=매우 그렇다)로 측정하고자 한다.

<표 4-1> 관광지 이미지의 측정항목

구성개념	측정항목
인지적 이미지	계림은 생태환경을 잘 보존하고 있다. 계림에서 자연을 느낄 수 있다. 계림에는 재미있는 문화/역사 매력물이 있다. 계림에는 아름다운 환경과 자연 매력물이 있다.
정서적 이미지	계림 관광은 졸린 ↔ 자극적인. 계림 관광은 우울한 ↔ 흥분한. 계림 관광은 불쾌한 ↔ 쾌적한. 계림 관광은 괴로운 ↔ 편안한.

환경심리학에서 장소애착은 특정 지리적 장소에 대한 정서적 유대를 의미하며, 사회심리학에서 장소애착은 사람과 장소 간의 상호작용

에서 나타난 특정한 감정과 심리의 결속을 의미한다. 관광분야에서 장소애착은 관광객들이 관광지를 방문하면서 안전감을 느끼고 더 오랫동안 체류하거나 재방문하고 싶은 감정을 의미한다. 본 연구에서 장소애착은 장소의존성과 장소정체성 두 개념으로 구성하고자 한다(Williams & Roggenbuck, 1989; Williams & Vaske, 2003). 장소의존성은 관광객들이 계림의 풍경, 환경, 시설에 대한 기능적인 평가이며, 장소정체성은 관광객들이 계림방문에 대해 느끼는 감정이다. 관광지에 대한 정서적 유대감을 측정하고자 하는 장소애착은 장소의존성과 장소정체성으로 구성되며, 각각에 대한 항목들은 Kim, Lee, & Lee(2017)와 Tang(2011)의 선행연구를 토대로 본 연구의 상황에 맞게 도출하였다(<표 4-2> 참조). 또한, 이러한 측정항목들은 리커트 5점 척도(1=전혀 그렇지 않다, 3=그저 그렇다, 5=매우 그렇다)로 측정하고자 한다.

<표 4-2> 장소애착의 측정항목

구성개념	항목
장소 의존성	계림은 관광목적지로는 최고의 장소이다. 관광활동을 계림에서 하는 것이 다른 관광지에서 하는 것 보다 더 중요하다. 계림은 관광목적지로서 다른 장소보다 더 나은 장소를 상상할 수 없다.
장소 정체성	계림은 나에게 매우 특별하다. 나는 계림에 대한 강한 동질감을 느낀다. 계림은 나에게 많은 것을 의미한다.

목표지향적 행동모형은 태도, 주관적 규범, 지각된 행동통제, 긍정적 예기정서, 부정적 예기정서, 열망, 행동의도로 구성되는데, 본 연구에서 이들 개념에 대한 조작적 정의는 앞서 제3장에서 설명했든 것과 같습니다. 목표지향적 행동모형의 측정항목은 선행연구를 토대로 <표 4-3>과 같이 측정항목들을 도출하였다. 또한, 이러한 측정항목들은 리커트 5점 척도(1=전혀 그렇지 않다, 3=그저 그렇다, 5=매우 그렇다)로 측정하고자 한다.

<표 4-3> 목표지향적 행동모형의 측정항목

구분	측정항목
태도	계림 방문은 긍정적인 행동이다 계림 방문은 가치 있는 행동이다. 계림 방문은 유익한 행동이다.
주관적 규범	나에게 중요한 사람들은 내가 계림을 방문하는 것을 동의할 것이다. 나에게 중요한 사람들은 내가 계림을 방문하는 것을 지지할 것이다. 나에게 중요한 사람들은 내가 계림을 방문하는 것을 이해할 것이다.
지각된 행동통제	나는 계림을 방문할 수 있는 여유가 있다. 나는 계림을 방문할 수 있는 경제력이 있다. 나는 계림을 방문할 수 있는 시간을 가지고 있다.
긍정적 예기정서	계림을 다시 방문한다면, 나는 마음이 들뜰 것이다. 계림을 다시 방문한다면, 나는 기쁠 것이다. 계림을 다시 방문한다면, 나는 만족할 것이다. 계림을 다시 방문한다면, 나는 행복할 것이다.
부정적 예기정서	계림을 다시 방문하지 못한다면, 나는 화가 날 것이다. 계림을 다시 방문하지 못한다면, 나는 실망할 것이다. 계림을 다시 방문하지 못한다면, 나는 걱정될 것이다. 계림을 다시 방문하지 못한다면, 나는 슬플 것이다.

열망	나는 가까운 미래에 계림을 다시 방문하고 싶다. 계림을 재방문하려는 나의 바람은 열정적이다. 나는 가까운 미래에 계림을 다시 방문하기를 희망한다. 나는 가까운 미래에 계림을 다시 방문하기를 열망한다.
행동의도	나는 가까운 미래에 계림을 다시 방문할 계획이 있다. 나는 가까운 미래에 계림을 다시 방문하기 위해 노력할 것이다. 나는 가까운 미래에 계림을 다시 방문할 의도가 있다. 나는 가까운 미래에 계림을 방문하기 위해 금전과 시간을 투자할 용의가 있다.

(2) 설문지 구성

<표 4-4>에서 보는 바와 같이, 본 연구를 위한 설문지는 확장된 목표지향적 행동모형(EMGB)에 근거하여 관련된 선행연구를 통해 도출된 척도들을 중심으로 구성하였다. 태도는 3개 문항, 주관적 규범은 3개 문항, 지각된 행동통제는 3개 문항, 긍정적인 예기정서는 4개 문항, 부정적인 예기정서는 4개 문항, 열망은 4개 문항, 행동의도는 4개 문항으로 각각 구성되었다. 그리고 인지적 이미지는 4개 문항, 정서적 이미지는 4개 문항, 장소의존성은 3개 문항, 장소정체성은 3개 문항으로 구성되었다. 따라서 본 설문지는 총 39개 문항으로 구성되었으며, 리커트 5점 척도로 측정하고자 한다. 응답자의 인구통계학적 특성을 묻는 항목은 성별, 연령, 교육수준, 월평균소득이며, 각각 명목척도를 사용하고자 한다. 그밖에 동반유형, 동반자수, 방문 목적도 포함되었다.

<表 4-4> 설문지 구성

구분		측정내용
목표 지향적 행동모형	태도	계림 방문은 긍정적인/가치 있는/유익한 행동이다.
	주관적 규범	나에게 중요한 사람들은 내가 계림을 방문하는 것을 동의할/ 지지할/이해할 것이다.
	지각된 행동통제	내가 원하면 계림을 언제든지 방문할 수 있다/나는 계림을 방문할 수 있는 여유/시간이 가지고 있다.
	긍정적 예기정서	계림을 다시 방문한다면, 나는 마음이 들뜰/기쁠/만족할/행복할 것이다.
	부정적 예기정서	계림을 다시 방문하지 못한다면, 나는 화가 날/실망할/걱정될 /슬플 것이다.
	열망	나는 가까운 미래에 계림을 다시 방문하고 싶다/방문하기를 희망한다/열망한다/재방문하려는 나의 바람은 열정적이다.
	행동 의도	나는 가까운 미래에 계림을 다시 방문할 계획/의도가 있다/방문하기 위해 노력할 것이다/금전과 시간을 투자할 용의가 있다.
관광지 이미지	인지적 이미지	계림은 생태환경을 잘 보존하고 있다/계림에서 자연을 느낄 수 있다/ 계림에는 재미있는 문화/역사/아름다운 환경을 볼 수 있다.
	정서적 이미지	계림 관광은 졸린↔자극적인/ 우울한↔흥분한/ 불쾌한↔쾌적한/ 괴로운↔편안한.
장소 애착	장소 의존성	계림은 관광목적지로는 최고의 장소이다/관광활동을 계림에서 하는 것이 다른 관광지에서 하는 것 보다 더 중요하다/관광목적지로서 다른 장소보다 더 나은 장소를 상상할 수 없다.
	장소 정체성	계림은 나에게 매우 특별하다/많은 것을 의미하다/나는 계림에 대한 강한 동질감을 느낀다.
일반적 특성 인구통계학적 특정		동반자유형, 방문목적. 성별, 연령, 교육수준, 월평균소득.

(3) 표본의 선정과 조사방법

본 연구의 모집단은 계림을 방문하는 관광객을 대상으로 하였으며, 만 19세 이상의 중국 및 외래 관광객을 대상으로 하였다. 표본추출방법은 편의표본추출법을 사용하였으며, 설문 조사지역은 계림의 대표적인 관광명소인 양소(阳朔), 서길(西街), 이강(漓江), 코끼리산, 은자(银子) 동굴을 선정하였다.

설문지의 항목들이 계림을 측정할 수 있는지를 파악하기 위해 관광전문가(대학 교수, 관광산업 실무자)에 의뢰하여 내용타당성(Content Validity)을 확인하였다. 이를 토대로 완성된 설문지는 계림관광대학 대학생을 대상으로 Pre-test를 실시하여 문맥상 이상한 부분이나 혼동의 여지가 있는 항목들을 수정하였다. 본 연구에서는 계림관광대학 대학생과 연구생을 조사요원으로 활용하여 설문조사를 실시하였고, 조사하기 전에 조사자들이 설문조사의 목적과 내용을 충분히 이해할 수 있도록 교육을 실시하였다. 본 연구에서는 조사요원들이 주중과 주말로 나누어 현장조사를 실시하였으며, 이를 통해 506부의 설문지를 수거하였다. 이중에서 일부 항목을 응답하지 않았거나 불성실하게 응답한 20부를 제외한 486부를 최종 실증분석에 이용하였다. 한편, 내국인 관광객이 응답한 설문지는264부, 외국인 관광객이 응답한 설문지는 222부로 구성되었다.

4. 분석방법

본 연구에서는 확장된 목표지향적 행동모형(EMGB)을 분석하는데 있어서 다음과 같은 분석방법을 사용하였다.

첫째, 응답자의 인구통계학적, 일반적 특성을 파악하고자 빈도분석과 기술통계분석을 실시하였다.

둘째, 측정문항들의 내적일관성 및 각 구성개념에 대한 개념타당성을 평가하기 위해 신뢰도 분석(Cronbach's α)과 확인적 요인분석(CFA: Confirmatory Factor Analysis)을 실시하였다. 여기서 2차원 요인(Second-order)(관광지 이미지와 장소애착)은 1차원의 잠재요인(First- order)으로 구성하여 각각 확인적 요인분석(CFA)을 실시하여 측정모형의 적합도와 집중타당성 및 판별타당성을 검증하였다. 그리고 개념타당성을 확인하기 위해 표준화적재값(SFL: Standardized Factor Loadings)과 평균분산추출값(AVE: Average Variance Extracted)을 이용하였다.

셋째, 구성개념 간 판별타당성을 평가하기 위해 상관관계분석을 실시하였다. 여기서 판별타당성을 확인하기 위해 평균분산추출값(AVE)과 상관계수 제곱값을 비교한 방법과 표준오차 신뢰구간을 이용한 방법을 사용하였다.

넷째, 확장된 목표지향적 행동모형의 적합도와 구성개념 간 영향관계를 검증하기 위해서 구조방정식모형(SEM: Structural Equation Modeling)을 분석하였다. 여기서 구조모형의 적합도를 확인하기 위해 다음과 같은 적합도지수(x2/df, GFI, CFI, NFI, RMSEA)를 사용하였다.

이러한 분석을 위해 본 연구에서는 사회과학분석에서 널리 쓰이는 통계패키지(SPSS 20.0, AMOS 19.0)를 사용하였다.

제 2 절

분석결과

1. 인구통계학적 특성

본 연구의 실증분석을 실시하기 전에 응답자에 대한 인구통계학적인 특성과 방문특성을 살펴보기 위해 빈도분석을 실시하였으며, 내국인 관광객과 외국인 관광객으로 나누어 특성을 살펴보았다(<표 4-5>참조).

본 연구에서 내국인 관광객은 264명이며, 외국인 관광객은 222명으로 기록하였다. 빈도분석 결과는 내국인 관광객과 외국인 관광객으로 나누어 설명하고자한다. 내국인 관광객의 빈도분석 결과를 살펴보면, 성별 구성비는 남성이 50.8%로 여성(49.2%)과 비슷한 비율로 나타났다. 연령 분포는 20대가 43.2%로 가장 높았으며, 다음으로는 30대(26.1%), 10대(19.3%), 40대(7.2%), 50대(2.3%), 60대(1.9%)의 순으로 나타났다. 응답자의 최종학력은 대학교재학/졸업자가 전체의 54.6%로 비교적 높은 교육수준을 나타냈으며, 고졸이하(20.8%), 전문대재학/졸업(17%), 대학원재학/졸업(7.6%)의 순으로 나타났다. 수입수준은 중국 국내관광객과 국제관광객으로 구분하였고 측정단위는 각각 위안과 달러를 사용하였다. 중국 국내관광객의 월평균수입은 5000위안 이하(48.5%)가 가장 높은 것으로 나타났으며 다음은 5001~10000위안(37.1%), 10000위안 이상(5.3%)의 순으로 나타났다.

내국인 관광객의 방문특성을 살펴보면, 계림 방문횟수는 처음 방문한 관광객은 60.6%로 가장 높게 나타났으며, 다음으로는 2회 방문관광객

(18.2%), 3회 이상인 관광객(21.2%)의 순으로 나타났다. 계림여행의 동반자는 가족/친척의 비율이 47.7%로 가장 높게 나타났으며, 다음으로는 친구(39.8%), 혼자(7.2%), 여행사(2.3%), 기타(3.0%)의 순으로 나타났다. 마지막은 관광객의 방문목적에 대한 지문이며 다중응답을 실시하였다. 방문목적에 대한 빈도분석 결과는 여가/휴가가 65.4%로 가장 높은 것으로 나타났으며, 친구/친척 방문(10.5%), 음식(10.2%), 비즈니스(2.6%), 회의/컨벤션(1.7%), 건강/처방 진료(1.2%)의 순으로 나타났다.

외국인 관광객의 빈도분석 결과를 살펴보면, 성별 구성비는 남성이 55.4%로 여성(45.6%)보다 높은 것으로 나타났다. 연령 분포는 20대가 42.8%로 가장 높았으며, 다음으로는 30대(27.9%), 40대(8.6%), 10대(7.2%), 50대(7.2%), 60대(6.3%)의 순으로 내국인 관광객보다 40대 이상 비율이 높은 것으로 나타났다. 응답자의 최종학력은 대학교재학/졸업자가 전체의 54.9%로 비교적 높은 교육수준을 나타냈으며, 전문대 재학/졸업(19.4%), 대학원재학/졸업(16.4%), 고졸이하(9.0%)의 순으로 내국인 관광객보다 교육수준이 높은 것으로 나타났다. 계림을 방문한 국제 관광객의 월평균수입은 2001~2999달러(31.5%)가 가장 높은 것으로 나타났으며, 2000달러 이하(27.0%), 3000~3999달러(18.9%), 4000달러 이상(16.7%) 순으로 골고루 분포되었다.

<표 4-5> 응답자의 인구통계학적 특성

구분		내국인 관광객		구분		외국인 관광객	
		N	%			N	%
성별	남성	134	50.8	성별	남성	123	55.4
	여성	130	49.2		여성	99	44.6

연령	20세 이하	51	19.3	연령	20세 이하	16	7.2
	20~29세	114	43.2		20~29세	95	42.8
	30~39세	69	26.1		30~39세	62	27.9
	40~49세	19	7.2		40~49세	19	8.6
	50~59세	6	2.3		50~59세	16	7.2
	60세 이상	5	1.9		60세 이상	14	6.3
교육 수준	고졸이하	55	20.8	교육 수준	고졸이하	20	9.0
	전문대 재학/졸업	45	17.0		전문대 재학/졸업	43	19.4
	대학교 재학/졸업	144	54.6		대학교 재학/졸업	122	54.9
	대학원 재학/졸업	20	7.6		대학원 재학/졸업	37	16.7
동반자	가족/친척	126	47.7	동반자	가족/친척	64	28.8
	친구	105	39.8		친구	81	36.5
	혼자	19	7.2		혼자	30	13.5
	여행사	6	2.3		여행사	32	14.4
	기타	8	3.0		기타	15	6.4
방문 횟수	1회(처음)	160	60.6	방문 횟수	1회(처음)	173	77.9
	2회	48	18.2		2회	29	13.1
	3회 이상	56	21.2		3회 이상	20	9.0
방문 목적	여가/휴가	173	65.4	방문 목적	여가/휴가	161	72.4
	친구/친척 방문	28	10.5		친구/친척 방문	22	10.0
	비즈니스	7	2.6		비즈니스	17	7.5
	건강/처방 진료	3	1.2		건강/처방 진료	3	1.3
	회익/컨벤션	4	1.7		회의/컨벤션	2	0.8
	음식	27	10.2		음식	7	3.3
	기타	22	8.4		기타	10	4.6

월평균 소득 (위안)	5000이하	128	48.5	월평균 소득 (달러)	2000 이하	60	27.0
	5001~10000	98	37.1		2001~2999	70	31.5
	10000이상	14	5.3		3000~3999	42	18.9
					4000이상	37	16.7

외국인 관광객의 방문특성을 살펴보면, 계림 방문횟수는 처음 방문한 관광객은 77.9%로 가장 높게 나타났으며, 다음으로는 2회 방문관광객(13.1%), 3회 이상인 관광객(9.0%)의 순으로 나타났다. 계림여행의 동반자는 친구의 비율이 36.5%, 다음으로는 가족/친척(28.8%), 여행사(14.4%), 혼자(13.5%), 기타(6.4%)의 순으로 나타났다. 외국인 관광객은 혼자 또는 여행사를 이용한 경우는 내국인 관광객보다 많은 반면에 가족/친척 및 친구와 함께 계림을 방문한 경우는 내국인 관광객보다 낮은 편이다. 마지막은 관광객의 방문목적에 대한 지문이며 다중응답을 실시하였다. 방문목적에 대한 빈도분석 결과는 여가/휴가가 72.4%로 가장 높은 것으로 나타났으며, 친구/친척 방문(10.0%), 기타(4.6%), 비즈니스(7.5%), 음식(3.3%), 건강/처방 진료(1.3%), 회의/컨벤션(0.8%)의 순으로 나타났다.

2. 구성개념 내 측정변수의 기본적 특정과 신뢰도 분석

본 연구에서는 기술통계분석과 신뢰도분석을 실시하여 구성개념 내 측정변수의 기본적 특성을 살펴보았다. 수집된 자료의 구성타당성을 확인하는 분석방법으로는 정규분포성을 검증하는 방법이 있다. 즉, 측정변수의 왜도(Skewness)와 첨도(Kurtosis)를 검토해야 하는데, 왜도 또는 첨도는 ±1.965 안에 들어가면 5% 유의수준에서 정규성이 있다고 판단된다. 이에 본 연구에서는 기술통계분석을 이용하여 관측변수의 평균, 표준편차, 왜도, 첨도 등을 통해 변수의 분포를 살펴보았다. 그리고 신뢰도를 판단할 수 있는 Cronbach's α 계수를 확인하였다.

본 연구는 목표지향적 행동모형(MGB)과 추가변수들(관광지 이미지 및 장소애착)의 두 부분으로 나누어 기술통계 및 신뢰도분석을 실시하였다. <표 4-6>는 관광 이미지에 대한 기술통계와 신뢰도 분석결과를 나타내준다. 인지적 이미지의 평균값은 3.8993~4.0638, 정서적 이미지의 평균값은 3.8560~4.1358로 비교적 높은 점수를 나타냈다. 왜도와 첨도도 ±1.965 내에 존재하여 정규분포임을 나타냈다. 신뢰계수는 .715~.806으로 모두 기준치인 .70을 상회하여 신뢰도 또한 확보되었다.

<표 4-6> 관광지 이미지에 대한 기술통계 및 신뢰도 분석결과

구성 개념	측정항목	평균	표준 편차	왜도	첨도	신뢰 계수
인지적 이미지	계림은 생태환경을 잘 보존하고 있다.	4.06	.843	−.804	.752	.715
	계림에서 자연을 느낄 수 있다.	4.02	.801	−.614	.446	
	계림에는 재미있는 문화/역사 매력물이 있다.	4.00	.815	−.413	−.357	
	계림에는 아름다운 환경과 자연 매력물이 있다.	3.90	.859	−.529	.197	
정서적 이미지	계림 관광은 졸린 ↔ 자극적인.	3.86	.906	−.782	.791	.806
	계림 관광은 우울한 ↔ 흥분한.	3.97	.869	−.715	.625	
	계림 관광은 불쾌한 ↔ 쾌적한.	4.14	.877	−1.10	1.451	
	계림 관광은 괴로운 ↔ 편안한.	4.13	.880	−.959	.961	

주) 5점 척도(1= 전혀 그렇지 않다, 3=보통, 5=매우 그렇다).

<표 4-7>는 장소애착에 대한 기술통계와 신뢰도를 나타내준다. 장소의존성1('계림은 관광목적지로 최고의 장소이다')의 평균값은 3.7243로 가장 높은 반면, 장소정체성3('계림은 나에게 많은 것을 의미한다')의 평균값은 3.3169로 가장 낮은 것으로 나타났다. 왜도와 첨도는 ±1.965 내에 존재하여 정규분포를 보여주고 있다. 신뢰계수는 인지적 이미지의 경우 .755, 정서적 이미지의 경우 .807로 모두 기준치인 .7을 상회하는 것으로 나타났다.

<표 4-7> 장소애착에 대한기술통계 및 신뢰도 분석결과

구성 개념	측정항목	평균	표준 편차	왜도	첨도	신뢰 계수
장소 의존성	계림은 관광목적지로 최고의 장소이다.	3.72	.793	−.537	.766	.755
	관광활동을 계림에서 하는 것이 다른 관광지에서 하는 것 보다 더 중요하다.	3.57	.803	.009	−.127	
	계림은 관광목적지로서 다른 장소보다 더 나은 장소를 상상할 수 없다.	3.48	.863	−.026	−.201	
장소 정체성	계림은 나에게 매우 특별하다.	3.32	.936	−.125	.012	.807
	나는 계림에 대한 강한 동질감을 느낀다.	3.48	.969	−.112	−.413	
	계림은 나에게 많은 것을 의미한다.	3.84	.862	−.457	.190	

주) 5점 척도(1= 전혀 그렇지 않다, 3=보통, 5=매우 그렇다).

<표 4-8>에서 보는 바와 같이 본 연구에서는 선행연구를 바탕으로 태도(3항목), 주관적 규범(3항목), 긍정적인 예기정서(4항목), 부정적인 예기정서(4항목), 지각된 행동통제(3항목), 열망(4항목), 행동의도(4항목)로 구성하였다. 기술통계 분석결과를 살펴보면 긍정적인 예기정서4('계림을 다시 방문한다면, 나는 행복할 것이다')의 평균치는

4.0021로 가장 높게 나타난 반면, 부정적인 예기정서3('계림을 다시 방문하지 못한다면, 나는 걱정될 것이다')는 2.9733으로 가장 낮은 평균값을 보였다. 왜도와 첨도는 모두 절대치 기준으로 1.965을 벗어나지 않아 정규분포성이 있다고 판단할 수 있다. 신뢰도를 살펴보면 태도의 신뢰계수는 .818, 주관적 규범은 .843, 긍정적인 예기정서는 .910, 부정적인 예기정서는 .923, 지각된 행동통제는 .764, 열망은 .888, 행동의도는 .860으로 모두 기준치인 .70보다 높게 나타나 신뢰수준이 높은 것으로 나타났다.

<표 4−8> MGB 변수에 대한 기술통계 및 신뢰도 분석결과

구성개념	측정항목	평균	표준편차	왜도	첨도	신뢰계수 (α)
태도	계림 방문은 긍정적인 행동이다	3.97	.713	−.367	.259	.818
	계림 방문은 가치 있는 행동이다.	3.97	.710	−.228	−.275	
	계림 방문은 유익한 행동이다.	3.93	.740	−.415	.396	
주관적 규범	나에게 중요한 사람들은 내가 계림을 방문하는 것을 동의할 것이다.	3.94	.760	−.321	.027	.843
	나에게 중요한 사람들은 내가 계림을 방문하는 것을 지지할 것이다.	3.98	.773	−.368	−.034	
	나에게 중요한 사람들은 내가 계림을 방문하는 것을 이해할 것이다.	3.99	.728	−.306	−.055	
긍정적 예기 정서	계림을 다시 방문한다면, 나는 마음이 들뜰 것이다.	3.85	.799	−.264	−.306	.910
	계림을 다시 방문한다면, 나는 기쁠 것이다.	3.96	.799	−.397	−.345	
	계림을 다시 방문한다면, 나는 만족할 것이다.	3.95	.766	−.247	−.505	
	계림을 다시 방문한다면, 나는 행복할 것이다.	4.00	.736	−.314	−.296	

부정적 예기 정서	계림을 다시 방문하지 못한다면, 나는 화가 날 것이다.	2.96	.934	.356	−.225	
	계림을 다시 방문하지 못한다면, 나는 실망할 것이다.	3.15	.938	.159	−.452	.923
	계림을 다시 방문하지 못한다면, 나는 걱정될 것이다.	2.97	.962	.333	−.251	
	계림을 다시 방문하지 못한다면, 나는 슬플 것이다.	3.06	.993	.320	−.416	
지각된 행동 통제	나는 계림을 방문할 수 있는 여유가 있다.	3.97	.783	−.537	.331	
	나는 계림을 방문할 수 있는 경제력이 있다.	3.90	.862	−.756	.787	.764
	나는 계림을 방문할 수 있는 시간을 가지고 있다.	3.79	.842	−.411	.078	
열망	나는 가까운 미래에 계림을 다시 방문하고 싶다.	3.85	.762	−.239	−.160	
	계림을 재방문하려는 나의 바람은 열정적이다.	3.98	.778	−.353	−.235	.888
	나는 가까운 미래에 계림을 다시 방문하기를 희망한다.	3.85	.821	−.251	−.427	
	나는 가까운 미래에 계림을 다시 방문하기를 열망한다.	3.99	.806	−.392	−.344	
행동 의도	나는 가까운 미래에 계림을 다시 방문할 계획이 있다.	3.48	.898	−.227	−.240	
	나는 가까운 미래에 계림을 다시 방문하기 위해 노력할 것이다.	3.43	.932	−.239	−.284	.860
	나는 가까운 미래에 계림을 다시 방문할 의도가 있다.	3.76	.842	−.404	−.029	
	나는 가까운 미래에 계림을 방문하기 위해 금전과 시간을 투자할 용의가 있다.	3.66	.919	−.521	.224	

주) 5점 척도(1= 전혀 그렇지 않다, 3=보통, 5=매우 그렇다).

3. 구성개념별 확인적 요인분석결과

본 연구에서 측정도구에 대한 요인구조와 측정모형의 타당성을 더욱 엄격하게 평가하기 위해 확인적 요인분석(CFA)을 실시하였다. 확인적 요인분석은 전체적으로 구성개념을 구성하는 측정항목들이 해당 구성개념을 적절하게 설명하는 집중(수렴)타당성을 가지고 있는지를 확인할 수 있는 방법이다. 더불어 확인적 요인분석은 측정모형의 적합성을 확인할 수 있다는 장점을 가지고 있다.

본 연구에서는 관광지 이미지를 선행연구를 토대로 인지적 이미지와 정서적 이미지로 구성한 2차 요인(2nd-order Factor)으로 측정하였으며, 장소애착은 장소의존성과 장소정체성으로 구성한 2차 요인(2nd-order Factor)으로 측정하였다. 이외에 목표지향적 행동모형 내 구성개념인 태도, 주관적 규범, 지각된 행동통제, 긍정적인 예기정서, 부정적인 예기정서, 열망, 행동의도는 단일차원으로 측정하였다.

(1) 관광지 이미지에 대한 확인적 요인분석

선행연구에 따르면 관광지 이미지는 인지적 이미지와 정서적 이미지로 구성된다(Papadimitriou et al., 2015; Park et al., 2017; Prayag & Ryan, 2012). 따라서 본 연구에서도 관광지 이미지를 두 가지 차원인 인지적 이미지와 정서적 이미지로 구성하였다. 이때 연구모형의 단순화를 위해 관광지 이미지에 대해 2차 요인분석을 실시하였다.

본 연구에서는 선행연구를 토대로 인지적 이미지와 정서적 이미지를 각각 4개 항목으로 구성하였다. 목표지향적 행동모형의 구성요인들과 인지적, 정서적 이미지를 1차 요인구조로 구성하는 경우 모형이 복잡해지기 때문에 인지적, 정서적 이미지 2개의 계층을 이루는 잠재요인을 갖는 모형인 2차 요인분석을 실시하였다(Burt, 1976).

관광지 이미지의 2차 확인적 요인분석결과 <표 4-9>에서 보는 바와 같이, CMIN/DF는 2.646(기준:≤3), GFI는 0.984(기준:≥0.9), NFI는 0.972(기준:≥0.9), NNFI는 0.964(기준:≥0.9), CFI는 0.982(기준:≥0.9), RMSEA는 0.055(기준:≤0.08)로 기준치를 모두 충족하여 양호한 모형인 것으로 확인되었다(이충기, 2016; Hair, Black, Babin, & Anderson (2010). 또한, 개념신뢰도(CR)는 .826과 .890(기준:≥.7)로 잠재변수들에 대한 신뢰도는 비교적 높은 것으로 나타났다(이충기, 2017).

<표 4-9> 관광지 이미지의 2차 요인분석결과

구성개념		관찰변수	표준화 계수	CR
관광지 이미지	인지적 이미지	계림은 생태환경을 잘 보존하고 있다.	.682	.826
		계림에서 자연을 느낄 수 있다.	.671	
		계림에는 재미있는 문화/역사 매력물이 있다.	.595	
		계림에는 아름다운 환경과 자연 매력물이 있다.	.752	
	정서적 이미지	계림 관광은 졸린 ↔ 자극적인.	.899	.890
		계림 관광은 우울한 ↔ 흥분한.	.652	
		계림 관광은 불쾌한 ↔ 쾌적한.	.829	
		계림 관광은 괴로운 ↔ 편안한.	.736	
적합도		CMIN=37.047, DF=14, CMIN/DF=2.646, p=0.001 GFI=.984, CFI=.982, NFI=.972, NNFI(TLI)=.964, RMSEA=.055		

한편, <표 4-9>와 <표 4-10>에서 보는 바와 같이 인지적 이미지와 정서적 이미지의 표준화적재값과 평균분산추출값은 모두 기준치(표준화적재값≥0.7(최소 0.5 이상), AVE≥0.5)에 근접하거나 상회하는 것으로 나타나 집중타당성을 확보하였다(이충기, 2017). 또한, <표

4−10>에서 보는 바와 같이 평균분산추출값을 이용하여 구성개념 간의 차별성을 확인한 결과, 인지적 이미지와 정서적 이미지간의 상관계수는 0.413으로 평균분산추출값(0.545)이 상관계수의 제곱값(0.171)보다 큰 것으로 나타나 판별타당성을 확보하였다(이충기, 2017).

<표 4−10> 관광지 이미지의 상관관계 행렬 및 판별타당성 분석결과

구성개념	인지적 이미지	정서적 이미지
인지적 이미지	1.00	
정서적 이미지	.413 (.171)	1.000
AVE	.545	.672

주) 괄호내 숫자는 잠재변수 간 상관계수의 제곱값을 의미함.

한편, <그림 4−2>에서 보는 바와 같이 2차 요인 관광지 이미지는 1차 요인인 인지적 이미지와 정서적 이미지로 구성하였으며 요인적재값은 각각 .269와 .199로 나타났다.

<그림 4−2> 관광지 이미지에 대한 2차 요인분석 결과

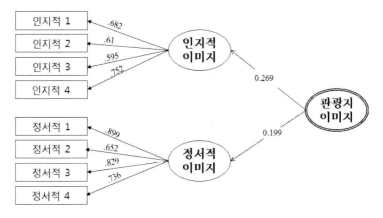

(2)장소애착에 대한 확인적 요인분석

선행연구에 따르면 장소애착은 장소의존성과 장소정체성으로 구분되었다(Bricker & Kerstetter, 2000; Kyle, Graefe, & Manning, 2005). 따라서 본 연구에서도 장소애착을 두 가지 차원인 장소의존성과 장소정체성으로 구성하였다. 이때 연구모형의 단순화를 위해 장소애착에 대해 2차 요인분석을 실시하였다.

본 연구에서는 선행연구를 통해 장소의존성과 장소정체성을 측정하기 위해서 각각 3개 측정항목을 도출하고, 2개의 계층을 이루는 잠재요인을 갖는 모형인 2차 요인분석을 실시하였다(Burt, 1976).

<표 4-11> 장소애착의 2차 요인분석결과

구성 개념	항목	표준화 계수	CR
장소 의존성	계림은 관광목적지로 최고의 장소이다.	0.727	0.854
	관광활동을 계림에서 하는 것이 다른 관광지에서 하는 것 보다 더 중요하다.	0.778	
	계림은 관광목적지로서 다른 장소보다 더 나은 장소를 상상할 수 없다.	0.754	
장소 정체성	계림은 나에게 매우 특별하다.	0.626	0.838
	나는 계림에 대한 강한 동질감을 느낀다.	0.806	
	계림은 나에게 많은 것을 의미한다.	0.789	
적합도	CMIN=11.413, DF=4, CMIN/DF=2.853, GFI=0.987, CFI=0.989, NFI=0.983, NNFI(TLI)=0.979, RMSEA=0.058		

장소애착의 2차 요인분석결과는 <표 4-11>에서 보는 바와 같이, CMIN/DF는 2.853(기준:≤3), GFI는 0.987(기준:≥0.9), NFI는 0.983 (기준:≥0.9), NNFI는 0.979(기준:≥0.9), CFI는 0.989(기준: ≥0.9), RMSEA는 0.058(기준:≤0.08)로 기준치를 모두 충족하여 양호한 모형인 것으로 확인되었다(이충기, 2016; Hair et al., 2006). 또한, 개념신뢰도(CR)는 0.854와 0.838(기준: ≥0.7)로 잠재변수들에 대한 신뢰도는 비교적 높은 것으로 나타났다(이충기, 2017).

한편, <표 4-11>과 <표 4-12>에서 보는 바와 같이 장소의존성과 장소정체성의 표준화적재값과 평균분산추출값은 모두 기준치(표준화적재값≥0.7, AVE≥0.5)에 근접하거나 상회하는 것으로 나타나 집중타당성을 확보하였다(이충기, 2017). 또한, <표 4-12>에서 보는 바와 같이 평균분산추출값을 이용하여 구성개념 간의 차별성을 확인한 결과, 장소의존성과 장소정체성 간의 상관계수는 .719로 평균분산추출값(0.635)이 상관계수의 제곱값(0.517)보다 큰 것으로 나타나 판별타당성을 확보하였다(이충기, 2017).

<표 4-12> 장소애착의 상관관계 행렬 및 판별타당성 분석결과

구성개념	장소의존성	장소정체성
장소의존성	1.00	
장소정체성	0.719 (.517)	1.000
AVE	0.635	.523

주) 괄호 내 숫자는 잠재변수 간 상관계수의 제곱값을 의미함.

한편, <그림 4-3>에서 보는 바와 같이 2차 요인인 장소애착은 1차 요인인 장소의존성과 장소정체성으로 구성하였으며 요인적재값은 각각 .428와 .434로 나타났다.

<그림 4-3> 장소애착에 대한 2차 요인분석 결과

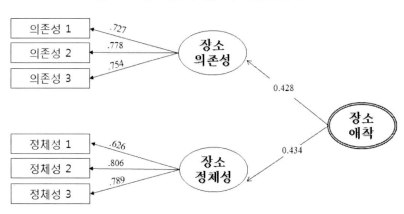

(3) 전체 연구모형의 확인적 요인분석

확인적 요인분석을 통해 측정모형의 적합도와 타당성을 검증하였다. <표4-13>에서 보는 바와 같이, 측정모형의 적합도는 CMIN/DF는 2.106 (기준: ≤3)로 나타났고, GFI는 0.873, NFI는 0.883로 기준치인 0.9에 근접하게 나타나 측정모형이 적합하다고 판단할 수 있다. 또한, NNFI는 0.924(기준:≥0.9), CFI는 0.934(기준:≥0.9), RMSEA는 0.048 (기준:≤0.08)로 기준치를 충족하여 양호한 모형인 것으로 확인되었다 (이충기, 2016; Hair et al., 2006).

구성개념의 표준화적재값은 0.612에서 0.891사이로 모두 기준치(0.7

또는 최소 0.5 이상)를 상회하는 것으로 나타났고, 개념신뢰도(CR)는 0.82~0.94로 모두 기준치(0.7) 이상으로 나타났다. 또한, <표 4-13>에서 보는 바와 같이 구성개념의 평균분산추출값(AVE)은 0.53~0.81로 기준치(0.5) 이상으로 나타났다. 표준화적재값, 개념신뢰도, 평균분산추출값이 모두 기준치를 상회하여 집중타당성을 충족하는 것으로 나타났다.

<표 4-13> 전체 연구모형의 확인적 요인분석 결과

구성개념	항목	표준화 계수	CR
태도	계림 방문은 긍정적인 행동이다	.735	.90
	계림 방문은 가치 있는 행동이다.	.800	
	계림 방문은 유익한 행동이다.	.792	
주관적 규범	나에게 중요한 사람들은 내가 계림을 방문하는 것을 동의할 것이다.	.770	.91
	나에게 중요한 사람들은 내가 계림을 방문하는 것을 지지할 것이다.	.812	
	나에게 중요한 사람들은 내가 계림을 방문하는 것을 이해할 것이다.	.823	
지각된 행동 통제	나는 계림을 방문할 수 있는 여유가 있다.	.650	.94
	나는 계림을 방문할 수 있는 경제력이 있다.	.732	
	나는 계림을 방문할 수 있는 시간을 가지고 있다.	.891	
	계림을 다시 방문한다면, 나는 마음이 들뜰 것이다.	.854	
긍정적 예기 정서	계림을 다시 방문한다면, 나는 기쁠 것이다.	.882	.93
	계림을 다시 방문한다면, 나는 만족할 것이다.	.833	
	계림을 다시 방문한다면, 나는 행복할 것이다.	.823	
부정적 예기 정서	계림을 다시 방문하지 못한다면, 나는 화가 날 것이다.	.853	.85
	계림을 나시 방문하지 못한다면, 나는 실망할 것이다.	.875	
	계림을 다시 방문하지 못한다면, 나는 걱정될 것이다.	.880	
	계림을 다시 방문하지 못한다면, 나는 슬플 것이다.	.857	

열망		나는 가까운 미래에 계림을 다시 방문하고 싶다.	.856	
		계림을 재방문하려는 나의 바람은 열정적이다.	.778	.93
		나는 가까운 미래에 계림을 다시 방문하기를 희망한다.	.879	
		나는 가까운 미래에 계림을 다시 방문하기를 열망한다.	.747	
행동 의도		나는 가까운 미래에 계림을 다시 방문할 계획이 있다.	.792	
		나는 가까운 미래에 계림을 다시 방문하기 위해 노력할 것이다.	.757	.89
		나는 가까운 미래에 계림을 다시 방문할 의도가 있다.	.710	
		나는 가까운 미래에 계림을 방문하기 위해 금전과 시간을 투자할 용의가 있다.	.855	
관광지이미지	인지적 이미지 (표준화 계수 .823)	계림은 생태환경을 잘 보존하고 있다.	.678	
		계림에서 자연을 느낄 수 있다.	.624	.83
		계림에는 재미있는 문화/역사 매력물이 있다.	.632	
		계림에는 아름다운 환경과 자연 매력물이 있다.	.696	
	정서적 이미지 (표준화 계수 .523)	계림 관광은 졸린 ↔ 자극적인.	.685	
		계림 관광은 우울한 ↔ 흥분한.	.790	
		계림 관광은 불쾌한 ↔ 쾌적한.	.707	.85
		계림 관광은 괴로운 ↔ 편안한.	.682	
장소 애착	장소 의존성 (표준화 계수 .837)	계림은 관광목적지로 최고의 장소이다.	.702	
		관광활동을 계림에서 하는 것이 다른 관광지에서 하는 것 보다 더 중요하다.	.772	.82
		계림은 관광목적지로서 다른 장소보다 더 나은 장소를 상상할 수 없다.	.676	
	장소 정체성 (표준화 계수 .915)	계림은 나에게 매우 특별하다.	.612	
		나는 계림에 대한 강한 동질감을 느낀다.	.859	.84
		계림은 나에게 많은 것을 의미한다.	.842	
적합도	CMIN=1,354.454, DF=643, CMIN/DF=2.106, p=0.000 GFI=.873, CFI=.934, NFI=.883, NNFI(TLI)=.924, RMSEA=.048			

(4) 전체모형의 판별타당성 검증

<표 4-14>에서 보는 바와 같이, 열망과 행동의도 간의 상관계수 (0.813)가 가장 높게 나타났는데, 이 두 구성개념 간의 상관계수 제곱값은 0.661로 열망의 평균분산추출값(AVE)인 0.660보다 약간 높은 것으로 나타났다. 한편, 신뢰구간(Confidence Interval)(상관계수±2×표준오차)을 계산하여 1을 포함하지 않는지를 확인하는 방법으로 판별타당성을 판단할 수도 있다(윤설민·박진아·이충기, 2012; Anderson & Gerbing, 1992). 본 연구에서 신뢰구간 범위는 .740에서 .879사이이며, 1을 포함하지 않으므로 열망과 행동의도 두 개념은 구별되어 판별타당성을 확보하는 것으로 판단할 수 있다. 다른 구성개념의 평균분산추출값(AVE)은 구성개념 간 상관계수 제곱값보다 큰 것으로 나타나 판별타당성을 확보하였다. 가령, 긍정적 예기정서와 열망 간 상관계수(0.800)는 두 번째로 높으며, 이 두 구성개념 간의 상관계수 제곱값은 0.640으로 긍정적 예기정서의 평균분산추출값(0.811)과 열망의 평균분산추출값(0.761)보다 작은 것으로 나타나 판별타당성이 확보되었다.

<표 4-14> 전체 모형의 상관관계 행렬 몇 판별타당성 분석결과

구성개념	ATT	SN	PAE	NAE	PBC	DE	BI	IMA	PA
태도 (ATT)	1.000								
주관적규범 (SN)	.639 (.408)	1.000							
긍정적 예기정서 (PAE)	.646 (.417)	.534 (.285)	1.000						

부정적 예기정서 (NAE)	.327 (.107)	.332 (.110)	.481 (.231)	1.000					
지각된 행동통제 (PBC)	.382 (.146)	.333 (.111)	.332 (.110)	.180 (.032)	1.000				
열망(DE)	.589 (.347)	.469 (.220)	.800** (.640)	.417 (.174)	.363 (.131)	1.000			
행동의도 (BI)	.509 (.259)	.437 (.191)	.644 (.450)	.492 (.242)	.401 (.161)	.813* (.661)	1.000		
관광지이미지 (IMA)	.675 (.228)	.567 (.137)	.719 (.209)	.433 (.147)	.465 (.061)	.666 (.255)	.606 (.328)	1.000	
장소애착 (PA)	.541 (.232)	.404 (.125)	.500 (.191)	.483 (.204)	.308 (.082)	.538 (.214)	.689 (.399)	.637 (.585)	1.000
AVE	.744	.761	.811	.767	.666	.761	.660	.613	.528

주) 괄호 내 숫자는 잠재변수 간 상관계수의 제곱값을 의미함

*: 잠재변수 간 상관관계가 가장 높은 값.

**: 잠재변수 간 두 번째로 큰 상관관계 계수.

3. 구조모형 분석과 가설 검증

(1) 구조모형 분석결과 및 가설 검증

<표 4-15>에서 보는 바와 같이, 구조모형의 모형적합도 분석결과, CNMI=1410.65, DF=677, CNMI/DF=2.084, p=0.000, GFI=0.868, IFI=0.933, TLI=0.926, CFI=0.932, RMSEA=0.047로 나타나 연구모형이 적합한 것으로 나타났다(이충기, 2017). 단, 적합도 지수 GFI(0.868)는 기준치인 0.9보다 약간 낮았지만 기준치에 근접하는 것으로 나타나 적합도에는 문제가 없다고 판단된다. 구조모형의 인과관

계 분석결과를 바탕으로 가설을 검증한 결과는 다음과 같다.

첫째, 관광지 이미지와 태도, 주관적 규범 및 지각된 행동통제 간의 영향관계를 분석한 결과를 살펴보면 <표 4−9> 및 <그림 4−2>과 같다. 관광지 이미지는 태도에 정(+)의 영향을 미치는 것으로 나타나(β 관광지 이미지→태도=0.811, t=7.642, p=0.000), 연구가설 H_{1-1}은 채택되었다. 관광지 이미지는 주관적 규범에 정(+)의 영향을 미치는 것으로 나타나(β 관광지 이미지→주관적 규범=0.689, t=7.506, p=0.000), 연구가설 H_{1-2}는 채택되었다. 관광지 이미지는 지각된 행동통제에 정(+)의 영향을 미치는 것으로 나타나(β 관광지 이미지→지각된 행동통제=0.441, t=6.177, p=0.000), 연구가설 H_{1-3}은 채택되었다.

둘째, 관광지 이미지와 장소애착 간의 영향관계를 분석한 결과, 관광지 이미지는 장소애착에 정(+)의 영향을 미치는 것으로 나타나(β 관광지 이미지→장소애착=0.670, t=6.675, p=0.000), 연구가설 H_2는 채택되었다.

셋째, 목표지향적 행동모형의 구성개념 간의 영향관계를 분석결과, 계림 방문태도는 열망에 정(+)의 영향을 미치는 것으로 나타나(β 태도→열망=0.109, t=2.011, p=.044), 연구가설 H_{3-1}은 채택되었다. 주관적 규범은 열망에 정(+)의 영향을 미치지 않는 것으로 나타나(β 주관적 규범→열망=0.002, t=0.048, p=0.962), 연구가설 H_{3-2}는 기각되었다. 긍정적 예기정서는 열망에 정(+)의 영향을 미치는 것으로 나타나(β 긍정적 예기정서→열망=0.678, t=11.055, p=.000), 연구가설 H_{3-3}은 채택되었다. 반면에 부정적 예기정서는 열망에 영향을 미치지 않은 것으로 나타나(β 부정적 예기정서→열망=.047, t=1.201, p=.230), 연구가설 H_{3-4}는 기각되었다. 지각된 행동통제는 열망에 정(+)의 영향을 미치는 것으로 나타나(β 지각된 행동통제→열망=.076, t=2.153, p=0.031), 연구가설 H_{3-5}는 채택되었다.

또한, 지각된 행동통제는 행동의도에 정(+)의 영향을 미치는 것으로 나타나(β 지각된 행동통제→행동의도=0.332, t=6.656, p=0.000), 연구가설 H_{3-6}은 채택되었다. 한편, 열망은 행동의도에 정(+)의 영향을 미치는 것으로 나타나(β 열망→행동의도=0.624, t=10.945, p=0.000), 연구가설 H_{3-7}은 채택되었다. 마지막으로, 장소애착은 행동의도에 정(+)의 영향을 미치는 것으로 나타나(β 장소애착→행동의도=0.077, t=2.210, p=0.027), 연구가설 H_4는 채택되었다.

<표 4-15> 구조모형 분석결과 및 가설 검증

가설	가설경로	표준화 계수	R2 (SMC)	t값 (C.R.)	p값	채택 여부
H_{1-1}	관광지 이미지→태도	.811	.657	7.642	.000	채택
H_{1-2}	관광지 이미지→주관적 규범	.689	.475	7.506	.000	채택
H_{1-3}	관광지 이미지→지각된 행동통제	.441	.195	6.177	.000	채택
H_2	관광지 이미지→장소애착	.670	.449	6.675	.000	채택
H_{3-1}	태도→열망	.109		2.011	.044	채택
H_{3-2}	주관적 규범→열망	.002		0.048	.962	기각
H_{3-3}	긍정적 예기정서→열망	.678	.654	11.055	.000	채택
H_{3-4}	부정적 예기정서→열망	.047		1.201	.230	기각
H_{3-5}	지각된 행동통제→열망	.076		2.153	.031	채택
H_{3-6}	열망→행동의도	.624		10.945	.000	채택
H_{3-7}	지각된 행동통제→행동의도	.077	.742	2.210	.027	채택
H_4	장소애착→행동의도	.332		6.656	.000	채택
적합도	CMIN=1410.615, DF=677, CMIN/DF=2.084, p=0.000 GFI=.868, CFI=.932, NFI=.878, NNFI(TLI)=.926, RMSEA=.047					

한편, 전체 변수들 가운데 내생변수로 설명되는 변수를 의미하는 다중상관계수(SMC)는 장소애착의 경우 0.449, 태도의 경우 0.657, 주관적 규범의 경우 0.475, 지각된 행동통제의 경우 0.195, 열망의 경우 0.654, 행동의도의 경우 0.742로 나타났다. 이는 계림에 대해 가지고 있는 이미지는 방문태도(65.7%)를 가장 많이 설명해주는 것으로 나타났으며, 다음으로는 주관적 규범(47.5%), 장소애착(44.9%), 지각된 행동통제(19.5%)의 순으로 나타났다. 또한, 계림을 재방문하고자 하는 열망은 태도, 긍정적 예기정서, 지각된 행동통제에 의해 65.4%가 설명되는 것으로 나타났으며, 계림에 대한 행동의도(재방문)는 열망, 장소애착, 지각된 행동통제에 의해 74.2%가 설명되는 것으로 나타났다.

<그림 4-4> 구조모형 분석결과

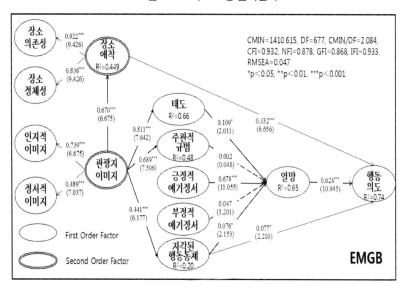

(2) TRA, TPB, MGB, EMGB 간 행동의도 설명력 비교

<표 4-16>에서 보는 바와 같이, 합리적 행동이론(TRA)의 구조모형 적합도는 CMIN=89.565, DF=32, CMIN/DF=2.799, CFI=0.975, NFI= 0.962, GFI=0.965, IFI=0.975, RMSEA=0.061이며, 계획행동이론(TPB)의 구조모형 적합도는 CMIN=146.094, DF=59, CMIN/DF=2.476, CFI= 0.969, NFI=0.949, GFI=0.957, IFI=0.969, RMSEA=0.055로 모두 기존치를 상회하는 것으로 나타났다. 또한, 목표지향적 행동모형(MGB)의 구조모형 적합도는 CMIN=647.339, DF=258, CMIN/DF=2.509, CFI=0.51, NFI=0.921, GFI=0.903, IFI=0.951, RMSEA=0.056이고, 확장된 목표지향적 행동모형(EMGB)의 구조모형 적합도는 CMIN=1410.615, DF=677, CMIN/DF=2.084, CFI=0.932, NFI=0.878, GFI=0.868, IFI=0.933, RMSEA=0.047로 모두 기준치에 근접하거나 상회하는 것으로 나타났다.

그리고 4개 구조모형 간 행동의도에 대한 설명력을 살펴보면, 합리적 행동이론(TRA)의 경우 27.8%, 계획행동이론(TPB)의 경우 31.8%, 목표지향적 행동모형(MGB)의 경우 67.1%, 그리고 확장된 목표지향적 행동모형(EMGB)의 경우 74.2%로 나타났다. 따라서 행동의도에 대한 설명력은 TRA 〈 TPB 〈 MGB 〈 EMGB의 순으로 나타나, 확장된 목표지향적 행동모형(EMGB)이 행동의도를 예측하는데 있어서 가장 바람직한 모형으로 판단된다.

<표 4-16> TRA, TPB, MGB, EMGB 간 행동의도 설명력 비교

모형	행동의도 설명력	모형 적합도
TRA	27.8%	CMIN=89.565, DF=32, CMIN/DF=2.799, CFI=0.975, NFI=0.962, GFI=0.965, IFI=0.975, RMSEA=0.061
TPB	31.8%	CMIN=146.094, DF=59, CMIN/DF=2.476, CFI=0.969, NFI=0.949, GFI=0.957, IFI=0.969, RMSEA=0.055
MGB	67.1%	CMIN=647.339, DF=258, CMIN/DF=2.509, CFI=0.51, NFI=0.921, GFI=0.903, IFI=0.951, RMSEA=0.056
EMGB	74.2%	CMIN=1410.615, DF=677, CMIN/DF=2.084, CFI=0.932, NFI=0.878, GFI=0.868, IFI=0.933, RMSEA=0.047

5. 총효과 및 직·간접효과

마지막으로 구성개념별 영향관계의 총효과 및 직·간접효과를 살펴보면 <표 4-17>와 같다. 관광지 이미지는 태도(β =0.811, p<0.05), 주관적 규범(β =0.869, p<0.05), 지각된 행동통제(β =0.441, p<0.05), 장소애착(β =.670, p<0.05)에 직접적인 영향을 미친다. 또한, 태도(β =0.109, p<0.05), 지각된 행동통제(β =0.076, p<0.05), 긍정적 예기정서(β =0.678, p<.05)는 열망에 직접적인 영향을 미치며, 이 중에 긍정적 예기정서는 열망에 가장 큰 영향을 미치는 것으로 나타났다. 관광지 이미지는 태도와 지각된 행동통제를 매개로 하여 열망에 간접적인 영향(0.124=0.441*0.076+0.811*0.109)을 미치는 것으로 나타났다. 그리고 관광지 이미지는 행동의도에 직접적인 영향을 미치지는 않지만 장소애착, 태도, 지각된 행동통제를 매개로 하여 행동의도에 간접적

인 영향(0.333=0.670*0.332+0.441*0.077+ 0.624*0.124, p<0.05)을 미치는 것으로 나타났다.

긍정적 예기정서는 행동의도에 직접적인 영향을 미치지는 않지만 열망을 매개로 하여 행동의도에 간접적인 영향(0.423=0.678*0.624, p<0.05)을 미치는 것으로 나타났다. 또한, 지각된 행동통제는 행동의도에 직접적인 영향(β=0.076, p<0.05)을 미칠 뿐만 아니라, 열망을 매개로 하여 행동의도에 간접적인 영향(β=0.048(0.076*0.624), p<0.05)을 미치는 것으로 나타났다.

<표 4-17> 총효과 및 직·간접효과

구분		관광지 이미지	장소 애착	태도	주관적 규범	긍정적 예기정서	부정적 예기정서	자각된 행동통제	열망
직접 효과	태도	0.811*	—	—	—	—	—	—	—
	주관적 규범	0.689*	—	—	—	—	—	—	—
	자각된 행동통제	0.441*	—	—	—	—	—	—	—
	장소애착	0.670*	—	—	—	—	—	—	—
	열망	—	—	0.109*	0.002	0.678*	0.047	0.076*	—
	행동의도	—	0.332*	—	—	—	—	0.077*	0.624*
간접 효과	태도	—	—	—	—	—	—	—	—
	주관적 규범	—	—	—	—	—	—	—	—
	자각된 행동통제	—	—	—	—	—	—	—	—
	장소애착	—	—	—	—	—	—	—	—
	열망	0.124*	—	—	—	—	—	—	—
	행동의도	0.333*	—	0.068	0.001	0.423*	0.029	0.048*	—

	태도	0.811*	—	—	—	—	—	—	—
	주관적 규범	0.689*	—	—	—	—	—	—	—
총 효과	자각된 행동통제	0.441*	—	—	—	—	—	—	—
	장소애착	0.670*	—	—	—	—	—	—	—
	열망	0.124*		0.109	0.002	0.678*	0.047	0.076*	—
	행동의도	0.333*	0.332*	0.068	0.001	0.423*	0.029	0.048*	0.624*

주: *p<.05

제 3 절

연구결론

계림은 중국의 제3급 도시* 중에 관광객들이 가장 많이 방문하고 있는 관광지이지만 국내외 관광객들의 방문행동에 대한 의사결정과정 연구는 부족한 실정이다. 따라서 본 연구는 관광객이 계림을 방문하는 행동이 이루어지는 전체적인 의사결정과정을 체계적으로 이해하는데 목적이 있었다. 이를 위해 본 연구모형은 기본적으로 목표지향적 행동모형(MGB)을 바탕으로 구축하였고, 또한, 계림의 특성을 반영할 수 있는 관광지 이미지와 장소애착 두 변수를 새로이 추가한 확장된 목표지향적 행동모형을 적용하여 관광객의 계림에 대한 방문의사결정과정을 밝히고자 하였다. 즉, 관광객의 의사결정과정에 있어서 계림에 대한 이

---

* 제1급 도시는 직할시(예, 베이징, 상하이등 4개), 제2급 도시는 성회도시(예: 하얼빈, 걸림 등 23개), 제3급 도시는 제1급과 제2급 도시 외 모든 도시(예: 장자제, 계림 등 250개).

미지는 장소애착과 태도, 주관적 규범, 그리고 지각된 행동통제에 어떠한 영향을 미치고, 이러한 요인들은 계림에 대한 열망에 어떠한 영향을 미치며, 열망뿐만 아니라 장소애착과 지각된 행동통제는 재방문의도에 어떠한 영향을 미치는지를 체계적으로 규명하고자 하였다. 이러한 연구를 위해 계림에서 가장 인기 있는 관광지인 이강(漓江), 은자동굴(银子岩), 양속(阳朔)을 방문한 내외국인 관광객을 표본으로 추출하였다. 본 연구결과를 요약하면 다음과 같다.

첫째, 목표지향적 행동모형을 적용하여 관광객의 계림에 대한 행동의도(재방문의사)를 분석한 결과, 태도, 긍정적 예기정서, 지각된 행동통제가 열망에 유의한 영향을 미치는 것으로 나타났으며, 지각된 행동통제와 열망은 행동의도에 유의한 영향을 미치는 것으로 나타났다. 이는 관광객이 계림을 재방문하는 의사결정과정에 있어서 태도, 지각된 행동통제와 긍정적 예기정서는 열망을 결정하고 이 중에 긍정적 예기정서는 열망을 형성하는데 가장 중요한 역할을 한다는 것을 의미한다. 또한, 계림을 재방문하는 의사과정에서는 열망과 지각된 행동통제가 중요한 역할을 한다는 것을 의미한다. 반면에 주관적 규범과 부정적 예기정서는 열망에 영향을 미치지 않는 것으로 나타났다. 이는 계림을 방문하는 관광객들은 주변에 있는 사람들이 자신이 계림을 방문하는데 영향을 미치지 않는다는 것을 시사한다. 또한, 관광객이 계림에 방문하지 못한 감정(부정적 예기정서)은 재방문의사와는 관계가 없다는 것을 의미하였다.

둘째, 관광지 이미지는 태도, 주관적 규범, 지각된 행동통제에 유의한 영향을 미치는 것으로 나타났다. 이는 관광객이 계림에 대한 좋은 이미지를 가지면 긍정적인 방문태도를 형성하고, 주변 사람들의 지지도도 높아지며, 시간 혹은 금전적 제약을 받지 않는다는 것을 시사해준다. 또한, 관광지 이미지는 장소애착에 유의한 영향을 미치는 것으로 나타났는데, 이는 계림에 대한 좋은 이미지를 가지면 그 장소에 강한 애착이 형성된다는 점을 제시해준다.

셋째, 본 연구에서는 관광지 이미지를 인지적 이미지와 정서적 이미지의 두 차원으로 구성하였는데, 본 연구 분석결과 인지적 이미지는 정서적 이미지보다 관광지 이미지를 더 많이 설명한다는 것이 확인되었다. 이는 관광객이 계림의 물리적 이미지를 감정적 이미지보다 더 강하게 지각한다는 것을 의미한다.

넷째, 본 연구에서는 장소애착을 장소의존성과 장소정체성의 두 차원으로 구성하였는데, 본 연구결과 장소의존성은 장소정체성보다 장소애착을 더 많이 설명한다는 것을 확인하였다. 이는 관광객이 계림에 대한 기능적 애착은 상징적 애착보다 더 강하게 지각한다는 것을 의미한다.

다섯째, 장소애착은 행동의도에 유의한 영향을 미치는 것으로 나타났다. 이는 관광객이 계림에 대해 갖는 긍정적 선호도(감정)가 높을수록 재방문의사가 높아진다는 것을 의미한다.

Ⅴ. 연구의
시사점과 한계점

V. 연구의 시사점과 한계점

제 1 절

연구의 결론

중국의 관광산업은 지속적으로 빠르게 성장하고 있으며 2017년 중국 관광객 수와 관광산업 수입은 세계 1위를 차지할 정도로 국가 지주(支柱) 산업으로 발전하게 되었다. 계림은 중국에서 가장 먼저 알려진 관광지 중 한 곳으로 많은 관광객들의 시선을 끌었다. 또한, 중국 정부가 계림을 처음으로 국제관광명소로 건설하고 있는 만큼, 계림시는 중국관광산업을 대표할 수 있는 관광지다. 계림시는 생태자원, 역사문화 자원, 민족문화 자원 등의 다양한 매력물을 보유하고 있으며 국내 관광객뿐만 아니라 국제 관광객도 유치하였다. 따라서 국내외 관광객을 꾸준히 유치하는 것은 국제관광명소 계림시의 지속적인 발전에 기여할 것으로 전망된다. 즉, 어떠한 요인들이 관광객들의 계림을 방문하고자 하는 행동에 영향을 미치는지를 규명하는 것은 학술적 의미뿐만 아니라, 관광정책 입안자나 관광산업 실무자들에게 실질적인 유치 전략을 실행하는데 기여할 것이다.

따라서 본 연구의 목적은 확장된 목표지향적 행동모형(MGB)을 적용하여 국내외 관광객의 계림 재방문 행동을 결정하는 주요 요인들을 규명하는데 있다. 특히, 계림의 특성을 반영할 수 있는 관광지 이미지와 장소애착 두 변수를 기존의 MGB에 도입한 확장된 목표지향적 행동모형으로 국내외 관광객의 계림 재방문 의사결정과정을 살펴보았다. 이러한 연구를 수행하기 위해 계림의 대표적 관광명소인 양소(Yangshuo), 서길(Xijie), 이강(Lijiang), 코끼리산, 은자(Yinzi) 동굴을 방문한 관광객을 대상으로 설문조사를 진행하였다.

본 책에서는 합리적 행동이론, 계획행동이론, 목표지향적 행동모형과 확장된 목표지향적 행동모형을 적용하며 관광객의 의사결정과정을 규명하였다. 본 책에서 두 부분으로 연구해왔다. 하나는 합리적 행동이론, 계획행동이론과 목표지향적 행동모형이 행동의도 설명력을 비교한 연구, 하나는 확장된 목표지향적 행동모형을 적요하여 중국계림관광객을 대상으로 관광객의 의사결정과정을 파악하였다.

제1부분의 주요 결과로는 합리적 행동이론(TRA), 계획행동이론(TPB), 그리고 목표지향적 행동모형(MGB) 3모형 간의 관광객 방문의도의 예측능력을 비교하여 목표지향적 행동모형(MGB)이 합리적 행동이론(TRA)과 계획행동이론(TPB)보다 관광객의 행동의도를 더 잘 예측하는 것을 밝혔다. 또한 재방문 의도를 설명함에 있어서, 합리적 행동이론은 25.4%, 계획행동이론은 28.1%, 목표지향적 행동모형은 66.5%로 나타나 목표지향적 행동모형은 3개 모형 중에 계림 관광객의 재방문의도를 가장 잘 예측함을 제시해준다.

또한, 관광분양에서 관광객의 태도는 항상 주요요소로 관광객의 의사결정에 영향을 미친다. 관광활동이 관광객이 거주지를 떠나고 다른 관광지를 방문하며 관광객 주변 중요한 사람에서 영향도 받고 있다. 그러나 중국정부에서 관광활동을 촉진하며 주민들이 1년에 3번 관광활동을 진행하고 있으며 주관적 규범의 영향력이 점점 낮은 것으로 판단된다. 그리고 자금과 시간이 외부영향요소로 관광활동에 영향을 주지만 영향력이 낮은 것으로 판단된다.

제2부분의 주요 결과로는 첫째, 목표지 향적 행동모형(MGB)에 계림관광의 특성을 반영할 수 있는 새로운 관광지 이미지와 장소애착 두 변수를 추가하여 확장된 목표지향적 행동모형(Extended MGB)을 적용한 결과 재방문의도에 대한 설명력이 높아졌다. 재방문 의도를 설명함에 있어서, MGB의 경우 (67.1%), EMGB의 경우 (74.2%)로 나타나며 EMGB가 계림 관광객의 재방문의도를 MGB보다 더 잘 예측한다는 것을 제시해준다. 여기서 관광지 이미지는 인지적 이미지와 정서적 이미지로 나누었으며 장소애착은 장소의존성과 장소정체성으로 나누어졌다. 또한 2차 요인분석(Second Factor Analysis)을 실시한 결과, 관광지 이미지와 장소애착은 계림방문의도에 대한 중요한 변수임을 시사해준다.

둘째, 본 연구에서는 열망(Desire)과 장소애착(Place Attachment)의 매개역할의 유의성을 밝혔다. 즉, 열망은 지각된 행동통제 및 긍정적 예기정서와 재방문의도 간의 매개역할, 장소애착은 관광지 이미지와 행동의도 간의 매개역할을 하여 두 변수의 중요성을 시사해준다.

셋째, 긍정적 예기정서(PAE)는 인간행동의 감정적 변수로서 열망에 가장 큰 직접적인 영향을 미치며, 행동의도에는 간접적인 영향을 미치는 것으로 나타났는데, 이는 관광객들이 계림을 방문할 때 긍정적인 감정이 매우 중요한 요인이라는 사실을 제시해준다.

넷째, 본 연구에서 지각된 행동통제는 열망뿐만 아니라 재방문의도에도 긍정적인 영향을 미친다는 사실을 밝혔다. 다시 말하면, 관광객들이 계림 방문에 있어서 시간 또는 자금 등의 외부요인들이 열망과 행동의도를 결정짓는 중요한 요인이라는 사실을 제시해준다.

마지막으로 본 연구에서 주관적 규범과 부정적 예기정서는 열망에 유의한 영향을 미치지 않지만 이것은 다른 영향력 있는 변수(태도, 긍정적 예기정서, 지각된 행동통제)에 의한 억제효과 때문이다. 관광객이 계림방문에 있어서 주관적 규범과 부정적 예기정서는 열망에 유의한 영향을 줄 수 있는 잠재적 변수가 될 수 있다는 것을 시사해준다.

본 연구는 열망이 재방문의도에 유의미한 영향을 미치기 때문에 국내외 관광객의 관광지 이미지, 장소애착, 긍정적 예기정서, 태도, 지각된 행동통제에 주의를 기울여야한다는 사실을 밝혀냈다. 관광객 맞춤 관광상품으로 감정적 요인으로 자극하는 노력이 필요하고, 계림에 대한 높은 인지도를 이용하여 긍정적인 이미지를 강화한다면 열망을 매개로 행동의도를 이끌어낼 것으로 기대된다. 또한 관광객과 계림의 감정연결을 강조하여 관광객의 장소의존성과 장소정체성을 제고하는 것이 바람직하다고 판단된다.

제 2 절

연구의 시사점

본 연구결과를 토대로 학술적 시사점을 제시하면 다음과 같다. 특히 본 연구는 관광객의 계림방문행동에 대한 의사결정과정을 이해하는데 기여할 것으로 판단되며, 이를 구체적으로 제시하면 다음과 같다.

첫째, 본 연구에서는 합리적 행동이론(TRA), 계획행동이론(TPB)과 목표지향적 행동모형(MGB)의 행동의도 예측능력을 비교한 결과는 목표지향적 행동모형이 3모형 중에 예측능력이 제일 크는 사실을 규명하는데 학술적 의가 있다고 판단된다. 즉, 행동의도를 설명함에 있어서, TRA의 경우 (25.4%), TPB의 경우 (28.1%), MGB의 경우 (66.5%)로 나타나 MGB가 계림 관광객의 재방문의사를 더 잘 예측한다는 것을 제시해준다. 이러한 분석결과는 MGB가 TRA와 TPB보다 개선된 행동모형이라는 것을 입증해주며, TRA와 TPB에 관한 기존 선행연구를 확장했다는데 의미가 있다고 판단된다. 그리고 본 연구 제4장에서 이 결론을 다시 입증하였다. 또한, Richetin, Perugini, Adjali, & Hurling(2008)은 TPB와 MGB가 행동의도에 대한 설명력을 비교한 결과 MGB(67%)가 TPB(56%)보다 행동의도를 더 잘 예측하는 것으로 본 연구의 결과를 지지한다.

둘째, Perugini & Bagozzi (2001)에 따르면 MGB에 새로운 변수를 추가할 경우 행동예측력을 높일 수 있다고 주장하였다. 본 연구에서는 계림관광을 잘 반영해줄 수 있는 관광지 이미지와 장소애착 두 변수를 추가하여 설명력을 높였다는데 학술적 의미가 있다고 판단된다. 분석결과를 살펴보면 관광지 이미지는 장소애착뿐만 아니라 태도, 주관적 규범, 지각된 행동통제에 유의한 영향을 미치는 것으로 나타나 계림관광에 대한 이미지가 매우 중요한 변수라는 사실을 시사한다. 또한, 관광지 이미지와 징소애착을 추가함으로써 계림 관광객의 행동의도를 기존 MGB보다 더 잘 예측(74.2%)하는 것으로 나타났다. 이러한 분석결과는 본 연구에서 새로 추가한 관광지 이미지와 장소애착이 학술적으로 의미 있는 변수라는 것을 시사해준다.

셋째, 본 연구에서는 매개역할의 유의성을 밝혀냈다는 측면에서 학술적으로 의미가 있다고 판단된다. 즉, 열망은 지각된 행동통제 및 긍정적 예기정서와 행동의도 사이를 매개하는 역할을 수행함으로써 행동의도를 예측하는 중요한 변수라는 사실을 제시해준다. 행동의도는 지각된 행동통제보다 긍정적 예기정서에서 더 많은 간접적인 영향을 미치며, 열망은 긍정적 예기정서에서 더 중요한 매개역할을 수행한다는 사실을 제시해준다. 또한, 장소애착은 관광지 이미지와 행동의도 사이를 매개하는 중요한 변수라는 사실이 밝혀졌다.

넷째, 긍정적 예기정서가 인간행동의 감정적 변수로서 열망에 가장 큰 직접적인 영향을 미치며, 행동의도에 간접적인 영향을 미치는 것으로 나타났는데, 이는 관광객들이 계림을 방문할 때 긍정적인 감정이 매우 중요한 요인이라는 사실이 제시해준다.

다섯째, 실제 행동을 수행할 때 시간 또는 자금 등의 어려움 정도를 측정하는 지각된 행동통제 변수는 본 연구에서 열망뿐만 아니라 행동의도(재방문의사)에도 긍정적인 영향을 미친다는 사실이 본 연구에서 밝혀졌다. 즉, 지각된 행동통제는 열망에 직접적인 유의한 영향을 미치고 행동의도에 간접적인영향을 미치는 것으로 나타났다. 이러한 결과는 지각된 행동통제가 열망과 행동의도를 결정짓는 중요한 요인이라는 사실을 제시해준다.

여섯째, 본 연구에서 주관적 규범과 부정적 예기정서는 열망에 유의한 영향을 미치지 않는 것으로 나타났는데, 이러한 결과는 일부 선행연구에서도 나타났다(Song et al., 2012; Song et al., 2016). 한편, 본 연구에서 유의하지 않은 원인을 밝혀내기 위해서 같은 데이터를 이용하여 태도 및 부정적 예기정서와 열망간의 영향관계를 분석해보았다. 분석 결과를 살펴보면 태도는 열망에 유의한 영향을 미치고, 부정적 예기정 서는 열망에 유의한 영향을 미치는 것으로 나타났다. 이는 다른 영향력 있는 변수(태도, 긍정적 예기정서, 지각된 행동통제)에 의한 억제효과 (Suppression Effect) 때문인 것으로 판단된다. 따라서 주관적 규범과 부 정적 예기정서는 열망에 유의한 영향을 줄 수 있는 잠재적 변수가 될 수 있다는 것을 시사한다.

본 연구의 분석결과를 토대로 실무적 시사점을 제시하면 다음과 같 다.

첫째, 본 연구에서 국내외 관광객의 계림방문에 대한 긍정적인 예기 정서가 열망에 가장 큰 영향을 미친 것으로 나타난 바, 관광객들이 계 림관광체험을 통해 즐거움이나 기쁨을 느낄 수 있도록 하는 노력이 필 요할 것이다. 가령, 계림방문 전 여행사에서 VR(Virtual Reality)기술을 통해 계림 생태관광지의 매력을 느낄 수 있도록 한다면 내재된 계림에 대한 긍정적 예기정서를 열망으로 발전시킬 수 있을 것이다. 또한, 계 림 관광객들에 대한 친밀감, 행복감, 편안함을 느낄 수 있도록 계림관 광산업 관련자들의 노력이 필요할 것이다. 가령, 서비스를 제공할 때 더 친절하고 다양한 프로그램을 개발하여 관광객에게 좋은 기억을 남 긴다면 계림 재방문에 대한 긍정적 예기정서를 증가시킬 수 있을 것이 다.

둘째, 본 연구에서 관광지 이미지 변수를 추가할 때 계림 관광객의 행동의도를 더 잘 예측하는 것으로 나타난 바, 계림에 대한 긍정적인 이미지를 창출할 있는 방법을 모색하는 것이 바람직할 것이다. 계림은 중국에 초등학교 교재에서 계림의 산과 강을 중심으로 소개할 정도로 자연생태 이미지가 매우 강하다. 따라서 이 부분을 강조하여 다양한 이미지를 형성하는 것이 바람직하며, 관광지 이미지의 홍보에 대한 다양한 수단을 통해 각 연령층에 전달하는 것도 필요할 것이다.

셋째, 본 연구에서 장소애착을 추가함으로써 계림 관광객의 의사결정과정을 더 잘 규명하는 것으로 나타난 바, 관광객과 계림 간의 애착을 더 강조하는 것이 바람직하다. 특히, 장소의존성이 장소정체성보다 장소애착에 더 큰 영향을 미친다면 계림의 특별한 관광시설 또는 관광콘텐츠를 개발하는 것은 재방문 행동을 유발할 수 있는 중요한 수단일 것이다. 가령, 인상 유삼저(Impression Liu Sanjie) 공연은 계림에서만 볼 수 있기 때문에 관광객들의 장소의존성을 크게 증가시킬 수 있으며, 계림 내 소수민족의 전통음식, 의류, 문화 등을 관광프로그램으로 개발한다면 관광객의 장소의존성을 형성하는데 기여할 것이다.

마지막으로 지각된 행동통제는 행동의도에 유의한 직접 및 간접효과가 나타난 바, 계림여행에 대한 시간, 자금 등 외부요인들이 의사결정과정에 방해되지 않도록 주의를 기울여야한다. 가령, 도시 간에 고속철도를 개발하여 계림을 방문하는데 걸리는 시간을 줄여주거나 가성비 높은 관광 프로그램을 제공하는 것이 바람직하다. 특히, 계림을 국제관광명소로 발전시키기 위해서 국제 항로를 개발한다면 외국 관광객의 계림방문을 촉진하는데 기여할 것이다.

제 3 절
한계점 및 향후연구 방향

본 연구에서는 계림의 특성을 반영할 수 있는 관광지 이미지와 장소애착을 목표지향적 행동모형에 새로이 추가하여 계림 관광객의 재방문 의사결정과정을 연구하였다는 측면에서 의의가 있다고 판단된다. 그러나 본 연구를 수행하면서 몇 가지 한계점을 제시하면 다음과 같다.

첫째, 본 연구에서는 편의표본추출방법을 사용하였다는 측면에서 본 연구결과를 일반화하는데 한계가 있다. 특히, 본 연구에서는 20대 관광객이 상대적으로 많이 조사되었는데, 각 연령층을 골고루 선정하지 못한 한계점이 있다. 향후 연구에서는 계통추출법이나 할당추출법을 이용하여 표본의 대표성을 확보하는 것이 바람직하다.

둘째, 관광객의 의사결정과정은 다양하고 복잡한 심리적 과정을 거치게 된다. 본 연구에서는 이미지와 장소애착성의 두 개념만을 목표지향적 행동모형에 추가하였다. 따라서 향후 연구에서는 환경태도나 환경책임행동과 같은 추가적인 심리적 요인들을 발굴하여 포함시킨다면 계림관광의 의사결정과정에 대한 설명력을 높이는데 기여할 것이다.

셋째, 본 연구에서는 내국인과 외국인 관광객을 대상으로 데이터를 수집하였지만, 분석은 두 집단을 합쳐서 실시하였습니다. 그러나 계림을 방문하는데 내국인 관광객과 외국인 관광객의 의사결정과정이 차아가 있을 수 있으므로 향후 연구에서는 표본수를 증가시켜 두 집단 간 차이를 비교해보는 것이 바람직할 것이다.

〈참고문헌〉

고성규·이충기(2017), 「승마체험 의사결정과정에서 부모의 역할: 안전성 변수를 추가한 확장된 계획행동이론을 중심으로」, 『관광레저연구』, 29(3), 97−113.

김민철(2014), 「유투어 시스템에서의 합리적 행동이론 적용」, 『디지털융복합연구』, 12(12), 217−225.

김우곤·박병관(1997), 「호텔 선택에 있어서 합리적 행동이론의 적용: 상용고객을 중심으로」, 『관광학연구』, 21(1), 119−134.

김종순·원형중(2016), 「등산참여자의 레크리에이션 전문화, 장소애착 그리고 친환경행동에 관한 탐색적 연구」, 『한국체육학회지』, 53(5), 365−379.

김현·송화성·김예은(2015), 「활동관여−장소애착 유형에 따른 환경책임행동분석 − 남한산성 도립공원 방문객을 대상으로」, 『한국조경학회』, 43(3), 114−124.

강재원·조창환(2006), 「인터넷구매의도를 결정하는 요인들」, 『언론과학연구』, 6(1), 5−42.

권장욱·김장원·이재은(2017), 「지역이벤트 참가자의 전문화 수준이 행동의도에 미치는 영향: 장소애착의 매개효과를 중심으로」, 『관광레저연구』, 29(5), 255−274.

박은숙(2015), 「모바일 관광정보가 관광지 이미지 및 관광지 만족에 미치는 영향」, 『관광레저연구』, 27(9), 41−58.

박진경(2011), 「여가행동을 예측하는 모형 탐색: 합리적 행동이론과 계획된 행동이론을 적용하여」, 『대한관광경영학회』, 26(4), 237−255.

박병직·김성혁·김용일(2015), 「관광목적지로서 DMZ 브랜드자산에 따른 장소애착이 관광객의 지각된 위험에 미치는 영향−DMZ 방문 외국인 관광객들을 대상으로」, 『관광학연구』, 39(5), 101−116.

백경미(2013), 「이벤트 방문객의 경험적 가치가감정반응과 장소애착 및 개최지 태도에 미치는 영향」 박사학위논문.

배병렬(2013), 『Amos 19 구조방정식 모델링−원리와 실제』, 도서출판 청람, 서울시.

서해란·이충기(2015), 「확장된 계획행동이론을 이용한 중국관광객의 방한 의사결정 연구」, 『호텔관광연구』, 7(2), 1−16.

손정기·남장현(2016), 「합리적 행동이론(TRA)과 계획행동이론(TPB)의 구조방정식모

델 비교연구: 음식관광행동 예측을 중심으로」, 『관광연구』, 31(2), 61−80.

송학준 · 이충기(2010), 「목표지향적 행동모형을 이용한 복합리조트 카지노 방문객의 행동의도 예측」, 『관광레저연구』, 22(5), 341−360.

송학준 · 이충기 · 부숙진(2011), 「계획행동이론을 이용한 자연기반 축제의 방문행동 이해」, 『관광연구저널』, 25(4), 21−38.

안소현 · 이충기(2017), 「평창 동계올림픽에 대한 시간적, 공간적 거리가 방문의사 결정과정에 미치는 영향: 확장된 계획행동 이론의 적용」, 『관광학연구』, 41(1), 47−63

양은주(2014), 「확장된 합리적 행동이론을 적용한 중국인 미용성형관광 행동의도에 관한 연구」, 『관광연구논총』, 26(2), 127−151.

양은주 · 남민정(2015), 「목표지향적 행동모델을 적용한 국내 패키지여행상품 이용자의 이용의도에 관한 연구」, 『관광연구』, 30(6), 323−342.

오정근(2010), 「외국인의 한국관광 후 관광지의 인지적 · 정서적 이미지와 관광행동의도의 관계」, 『관광레저연구』, 22(1), 231−248.

유주 · 노정희(2016), 「중국인 배낭여행객의 중국배낭여행 행동의도에 관한 영향요인 연구: 목표지향적 행동모델을 중심으로」, 『관광연구저널』, 30(8), 5−17.

윤설민(2014), 「확장된 목표지향적 행동모형에 따른 지역주민의 메가 이벤트 방문행동 이해」, 『대한관광경영학회』, 29(4), 269−289.

윤설민 · 신창열 · 이충기(2014), 「확장된 계획행동이론을 통한자원봉사자의 행동의도 분석」, 『관광학연구』, 38(5), 253−276.

윤설민 · 이혜미 · 이충기(2012), 「이미지 요인에 따른 인사동 문화지구 활성화 방안에 관한 실증연구」, 『한국관광연구』, 26(4), 117−133.

윤설민 · 박진아 · 이충기(2012), 「문화관광자원으로서 고궁의 매력속성과 만족도 및 충성도 간 영향관계 분석—경복궁 방문객을 대상으로」, 『서울도시연구』, 13(1), 149−166.

이보미 · 오문향 · 김자현(2013), 「제주올레에서의 자연과의 교감과 편익인지가 장소애착에 미치는 영향」, 『관광학연구』, 37(1), 215−235.

이준혁(2008), 「관광이미지가 만족도, 재방문의도, 추천의도에 미치는 영향—부산 관광이미지에 대한 외래관광객의 평가를 중심으로」, 『호텔관광연구』, 10(4), 183−198.

이재석 · 이충기(2010), 「확장된 계획행동이론을 이용한 스키리조트 방문객의 의사결정과정 연구」, 『호텔관광연구』, 12(4), 1−19.

이충기(2002), 「월드컵 메가이벤트가 한국 관광지의 인지도와 이미지 및 선택에 미치는

영향평가: 2002 월드컵을 중심으로」, 『관광학연구』, 26(1), 13—39.

이충기 · 고성규 · 임성희(2017), 「목표지향적 행동모형을 이용한 승마체험 행동의도 연구: 청소년 승마체험에 대한 부모의 인식을 중심으로」, 『관광연구저널』, 31(7), 5—19.

이양희 · 박대환(2014), 「확장된 목표지향적 행동모형을 이용한 부산향토음식관광 행동의도 예측: 금정구를 중심으로」, 『관광레저연구』, 26(8), 217—235.

이은지 · 현성협(2015), 「확장된 목표지향적 행동이론을 중심으로 본 중국인 성형관광객의 행동의도에 관한연구」, 『호텔관광연구』, 17(2), 17—34.

이예진 · 윤지환(2017), 「공유숙박 잠재적 이용자의 행동의도에 영향을 미치는 요인에 관한 탐색적 연구—확장된 목표지향적 행동모델을 적용」, 『관광학연구』, 41(5), 109—127.

임재필 · 이충기(2016), 「목표지향적 행동모형을 이용한 스쿠버다이버들의 행동의도 분석」, 『관광연구저널』, 30(11), 5—17.

이재석 · 이충기(2010), 「확장된 계획행동이론을 이용한 스키리조트 방문객의 의사결정 과정 연구」, 『호텔관광연구』, 12(4), 1—19.

이학식 · 김영(2000), ,합리적 행동이론과 계획적 행동이론의 평가와 대안적 견해—소비자 구매행동의 맥락에서」, 『소비자학연구』, 11(4), 21—47.

이태희(1997), 「한국 관광지 이미지 측정척도의 개발」, 『관광학연구』, 20(2), 80—95.

중국지도(2017), https://goo.gl/rcVKNY (accessed on September 2, 2017)

곽재용(2006), 「개인가치가 관광지 선호 속성과 과시, 합리적 관광행동에 미치는 영향에 관한 연구: 노인관광을 중심으로」, 대구대학교박사학위논문.

권선중 · 김교헌.(2004), 「인터넷게임행동을 예측하는 모형의 검증: 계획된 행동이론의 대안모형 탐색」, 『연차학술발표대회논문집』, 한국심리학회.

김금미 · 안상수(2008), 「남성의 성평등의식 예언을 위한 모형통합」, 『한국심리학회지: 사회 및 성격』, 22(4), 133—155.

김명소 · 한영석(2001), 「합리적 행위이론과 계획된 행동이론에 의한 온라인구매 행동 이해」, 『한국심리학회지: 사회 및 성격』, 15(3), 17—32.

김영재(2001), 「여가 스포츠 활동의도에 미치는 인지심리적 결정요인 분석」, 『한국여가레크리에이션학회지』, 20, 15—28.

김형석 · 조현익(2008), 「계획행동이론을 석봉한 골프운동 참여자의 내기행동의 관련성」, 『한국스포츠심리학회지』, 19(1), 129—141.

박시한 · 한미정(2007), 「계획된행동이론을적용한온라인콘텐츠이용행동의이해」, 한양

대학교석사학위논문.

박종희(2007),「계획된 행위이론을 적용한 사고예방 프로그램이 안전행동에 미치는 영향: 치기공과 학생을 대상으로」, 이화여자대학교박사학위논문.

박주철・이남우.(2009),「납세자의 조세행위에 있어서 계획행동이론의 역할」,『세무회계연구』, 25, 1−15.

박희랑・한덕웅(2006),「한국여성의 명품 구매행동을 설명하는 통합모형」,『한국심리학회지: 소비자・광고』, 7(2), 195−226.

손영곤・이병관(2012),「계획된 행동이론을 적용한 사회인지적 행동모델의 유용성에 대한 메타분석」,『한국언론학보』, 56(6), 127−161.

안영면(2002),『현대 관광 소비자 행동론』, 부산: 동아대학교출판부.

오상훈(1991),「관광행동의도(Tourist'sBehavioralIntention) 형성과정에 관한 경로 분석」,『관광학연구』, 15, 133−141.

오세윤・박희서・노시평・신문주(2004),「지식정부의 구현을 위한 공무원들의 지식공유 행위 결정 요인에 관한 연구」,『정책분석평가학회보』, 14(1), 79−103.

오종철(2007),「계획된 행동이론을 적용한 디지털콘텐츠 충동구매에 관한 연구」,『대한경영학회 학술발표대회 발표논문집』, 477−504.

우형진(2008),「텔레비전 드라마 시청이 시청자의 성형수술 행위의지에 미치는 영향에 관한 연구」,『언론과학연구』, 8(4), 480−513.

유진・김영재(2002),「여가 스포츠 활동 이론의 비교 검증」,『한국체육학회지』, 41(3), 171−178.

윤설민(2011),「확장된 계획행동이론(ETPB)을 적용한 모험적 여가활동에 대한 행동분석」,『호텔경영학연구』, 20(6), 189−208.

임윤정(2008),「계획행동이론을 적용한 외래관광객의 한류문화 콘텐츠 행동 예측 모형: 한국 드라마와 음반을 중심으로」, 세종대학교박사학위논문.

차동필(2005),「폭음행위이해」,『한국언론학보』, 49(3), 346−372.

최자영・김경자(2003),「계획적 행동이론을 적용한 소비자들의 온라인쇼핑 행동분석」,『소비자학연구』, 14(4), 89−103.

한덕웅・이민규(2001),「계획된 행동이론에 의한 음주운전 행동의 설명」,『한국심리학회지: 사회 및 성격』, 15(2), 141−158.

Anderson, J. C., & Gerbing, D. W.(1992), 「Assumptions and comparative strengthsof the two-step approach: Comment on Fornell and Yi」, *Sociological Methods & Research*, 20(1), 321—333.

Ainsworth, M., Bichar, M., Water, E., & Wall, S.(1978), 「*Pattern of attachment: A psychological study of the strange situation*」, Hillsdale, NJ: Erlbaum.

Ajzen, I.(1985), 「*From intentions to actions: A theory of planned behavior*」, In J. Kuhl & J. Beckman(Eds.), Action-control: From Cognition to Behavior (pp.11—39). Heidelberg: Springer.

Ajzen, I.(1991), 「The theory of planned behaviour」, *Organizational Behaviour and Human Decision Processes*, 50(2), 179—211.

Ajzen, I., & Madden, T. J.(1986), 「Prediction of goal directed behavior: attitudes, intentions and perceived behavioral control」, *Journal of Experimental Social Psychology*, 22(5), 453—474.

Ajzen, I., & Fishbein, M.(1980), 「*Understanding attitudes and predicting social behavior*」 Englewood—Cliffs, NJ: Prentice Hall.

Ajzen, I., & Madden, T.(1986), 「Prediction of goal—directed behavior: Attitudes, intentions and perceived behavior control」, *Journal of Experimental Social Psychology*, 22(5), 453—474.

Altaman, I., & Low, S. M.(1992), 「*Place attachment*」 New York: Plennum Press.

Ball, A. D., & Tasaki, L. H.(1992), 「The role and measurement of attachment in consumer behaviour」, *Journal of Consumer Psychology*, 1(2), 155—172.

Baloglu, S., & McCleary, K. W.(1999), 「U. S. international pleasure travelers' image of four Mediterranean destinations: A comparison of visitors and non-visitors」, *Journal of Travel Research*, 38(2), 144—152.

Bao, J. G.(2017), 「Judging Guilin tourism public opinion, landscape is the core competitiveness of Guilin」, Travel China, 2017.8.
http://www.china.com.cn/travel/txt/2017—08/28/content_41488727.htm

Bartholomew, K., & Horowitz, L. M.(1991), 「Attachment styles among young adults: A test of a four-category model」, *Journal of Personality and Social Psychology*, 61, 226—244.

Beerli, A., & Martín, J. D.(2004), 「Factors influencing destination image」, *Annals of Tourism Research*, 31(3), 657−681.

Belk, R. W.(1988), 「Possessions and the extended self」, *Journal of Consumer Research*, 15(2), 139−168.

Bidmon, S.(2017), 「How does attachment style influence the brand attachment-brand trust and brand loyalty chain in adolescents」, *International Journal of Advertising*, 36(1), 164−189.

Bowlby, J.(1979), 「*The making & breaking of affectional bonds*」, London: Tavistock / Routledge, 1992.

Bowlby, J.(1988), 「*A secure base: Clinical applications of attachment theory*」, London: Routledge.

Brown, G., Smith, A., & Assaker, G.(2013), 「Revisiting the lost city: An empirical examination of sport involvement, place attachment, event satisfaction and spectator intentions at the London Olympics」, *Tourism Management*, 55(9), 160−172.

Bricker, K. S., & Kerstetter, L.(2002), 「Level of specialization and attachment: An exploratory study of White water recreationists」, *Leisure Studies*, 22, 233−257.

Burt, R. S.(1976), 「Interpretational confounding of unidimensional variables in structural equational modeling」, *Sociological Methods and Research*, 5(1), 3−52.

Campelo, A., Aitken, R., Thyne, M., & Gnoth, J.(2014), 「Sense of place: The importance for destination branding」, *Journal of Travel Research*, 53(2), 154−166.

Chen, C. F., & Tsai, D.(2007), 「How destination image and evaluative factors affect behavioral intentions」, *Tourism Management*, 28(4), 1115−1122.

Cheng, S., Lam, T., & Hsu, C.(2006), 「Negative word-of-mouth communication intention: an application of the theory of planned behavior」, *Journal of Hospitality and Tourism Research*, 30(1), 95−116.

China National Tourism Administration(2017), 「2016 Chinese tourism statistics bulletin」. http://www.cnta.gov.cn/zwgk/lysj/201711/t20171108_846343.shtml.

China National Tourism Administration(2014), 「2013 Chinese tourism statistics bulletin」. http://www.cnta.gov.cn/zwgk/lysj/201506/t20150610_18910.shtml.

Chinese State Council(2009), 「*Views on the Acceleration of the Development of Tourism Industry*」.

Chinese State Council(2014), 「*Some views on promoting the development of tourism reform*」.

Guilin Municipal Bureau of Statistics(2017), 「2016 Statistical bulletin for the national economic and social development of Guilin」.

Chon, K. S.(1990), 「The role of destination image in tourism: A review and discussion」, *The Tourism Review*, 45(2), 2—9.

Crompton, J. L.(1979), 「An assessment of image of Mexico as vacation destination and the influence of geographical location upon that image」, *Journal of Travel Research*, 17(4), 18—23.

Dong, X. Y., Li, Q., Shi, Z. Z., Yu, Y., Chen, W. G., & Ma, Z. H.(2005), 「Beijing Olympic Games and Building national image: Subject analysis of the foreign media's reports on four Olympic holders」, China Soft Science, 2, 1—9.

Echtner, C. M., & Ritchie, R. B.(1993), 「The measurement of destination image: An empirical assessment」, *Journal of Travel Research*, 31(4), 3—13.

Embacher, J., & Buttle, F.(1989), 「A repertory grid analysis of Austria' s image as a summer vacation destination」, *Journal of Travel Research,* 27((3), 3—7.

Esposito, G., Bavel, R., Baranoski, T., & Duch-Brown, N.(2016), 「Applying the model of goal-directed behavior, including descriptive norms, to physical activity intentions: A contribution to improving the theory of planned behavior」, *Psychological Reports*, 19(1), 5—26.

Fakeye, P. C., & Crompton, J. L.(1991), 「Image differences between prospective, first-time, and repeat visitors to the Lower Rio Grande Valley」, *Journal of Travel Research*, 30(2), 10—16.

Gallarza, M. G., Saura, I. G., & Garcia, H. C.(2002), 「Destination image: toward a conceptual framework」, Annals of Tourism Research, 29(1), 56—78.

Gartner, W. C.(1996), 「*Tourism development: principles, policies, and policies*」, New York: Van Nostrum Reinhold.

Globally Important Agricultural Heritage Systems(2017), 「Food and Agriculture Organization of the United Nations」, http://www.fao.org/giahs/giahsaroundtheworld/designated-sites/asia-and-the-pacific/rice-terraces-systems-in-subtropical-china/partners/en/

Gunn, C. A.(1972), 「*Vacation scape: Designing tourist regions*」, New York: Van Nostrum Reinhold.

Guido, G.(2009), 「*Behind ethical consumption: Purchasing motives and marketing strategies for organic food products, non-GMOs, bio-fuels*. Long Hanborough: Peter Lang」.

Guido, G., Prete, M. I., & Peluso, A. M.(2012), 「The role of ethics and product personality in the intention to purchase organic food products: A structural equation modeling approach」, *International Review of Economics*, 57(1), 79－102.

Guilin Municipal People's Government(2014), 「2013 Guilin Economic and Social Statistical Yearbook」.

Guilin Municipal People's Government(2015), 「2014 Guilin economic and social Statistical Yearbook」.

Han, H., Lee, S., & Lee, C. K.(2011), 「Extending the theory of planned behavior: Visa exemptions and the traveller decision-making process」, *Tourism Geographies*, 13(1), 45－74.

Han, H.(2015), 「Travelers' pro-environmental behavior in a green lodging context: Converging value-belief-norm theory and the theory of planned behavior」, *Tourism Management*, 47(C), 164－177.

Han, X.(1995), 「Wo xiang qu Guilin」.

Han, H., Kim, W., & Hyun, S. S.(2014), 「Overseas travelers' decision formation for airport-shopping behavior」, *Journal of Travel & Tourism Marketing*, 31(8), 985－1003.

Hair, J. F., Black, W. C., Babin, B. J., & Anderson, R. E.(2010), 「*Multivariate date analysis* (7th ed)」, Upper saddle river, NJ: Prentice Hall.

Hazan, C., & Shaver, P.(1987), 「*Romantic love conceptualized as an attachment* process」, *Journal of Personality and Social Psychology: Interpersonal Relations and Group Processes*, 52(3), 511−524.

Hou, J., Lin, C., & Morais, D. B.(2005), 「Antecedents of attachment to a cultural tourism destination: The case of Hakka and non-Hakka Taiwanese visitors to Pei-Pu, Taiwan」, *Journal of Travel Research*, 44(4), 221−33.

Huang, X., Bao, J. G., & Geoffrey, W.(2006), 「Place attachment: A conceptual framework for understanding recreational behavior」, *Tourism Tribune*, 21(6), 19−24.

Huang, C. H., Chang, Y. P., & Zhou, X. J.(2014), 「An empirical study on the impact of travel intention during public health emergency」, *Journal of Transportation Systems Engineering and Information Technology*, 14(5), 234−241.

Hunt, J. D.(1975), 「Image as a factor in tourism development」, *Journal of Travel Research*, 13(3), 1−7.

Jalilvand, M. R., Samiei, N., Dini, B., & Manzari, P. Y.(2012), 「Examining the structural relationships of electronic word of mouth, destination image, tourist attitude toward destination and travel intention: An integrated approach」, *Journal of Destination Marketing & Management*, 1, 134−143.

Ji, C. L., & Nie, Y. K.(2017), 「Chinese tourists' gaming consumer behavioral intent and its influencing factors: An empirical test based on MGB theory」, *Tourism Tribune*, 32(7), 37−46.

Kaplanidou, K., Jordan, J. S., Funk, D., & Ridinger, L. L.(2012), 「Recurring sport events and destination image perceptions: Impact on active sport tourist behavioral intentions and place attachment」, *Journal of Sport Management*, 26, 237−24.

Kim, H., & Richardson, S. L.(2003), 「Motion picture impacts on destination images」, *Annals of Tourism Research*, 30(1), 216−237.

Kim, M. J., Lee, M. J, Lee, C. K., & Song, H. J.(2012), 「Does gender affect Korean tourists' overseas travel? Applying the model of goal-directed behavior」, *Asia Pacific Journal of Tourism Research*, 17(5), 509−533.

Kyle, G., Graefe, A., & Manning, R.(2005), 「Testing the dimensionality of place attachment in recreational settings」, *Environment and Behavior,* 37(2), 153 —177.

Lam, T., & Hsu, C. H. C.(2006), 「Predicting behavioral intention of choosing a travel destination」, *Tourism Management,* 27(4), 589—599.

Lee, C. K., Lee, Y. K., & Lee, B. K.(2005), 「Korea's destination image formed by the 2002 World Cup」, *Annals of Tourism Research,* 32(4), 839—858.

Lee, C. K., Song, H. J., Bendle, L. J., Kim, M. J., & Han, H. S.(2012), 「The impact of nonpharmaceutical interventions for 2009 H1N1 influenza on travel intentions: A model of goal-directed behavior」, *Tourism Management,* 33(1), 89—99.

Lee, J. J., Kyle, G., & Scott, D.(2012), 「The mediating effect of place attachment on the relationship between festival satisfaction and loyalty to the festival hosting destination」, *Journal of Travel Research,* 51(6), 754—767.

Lee, J. J., & Kyle, G. T.(2014), 「Segmenting festival visitors using psychological commitment」, *Journal of Travel Research,* 53(5), 656—669.

Lee, H. Y., Qu, H., & Kim, Y. S.(2007), 「A study of impact of personal innovativeness on line travel shopping behavior-A case study of Korean travelers」, *Tourism Management,* 28(3), 886—897.

Leenders, R.(2002), 「Modeling social influence through network autocorrelation: Constructing the weight matrix」, *Social Networks,* 24(1), 21—47.

Madden, T. J., Ellen, P. S., & Ajzen, I.(1992), 「A comparison of the theory of planned behavior and the theory of reasoned action」, *Personality and Social Psychology Bulletin,* 18(1), 3—9.

Morgan, R. M., & Hunt, S. D.(1994), 「The commitment-trust theory of relationship marketing」, *Journal of Marketing,* 58(3), 20—38.

Page, T.(2014), 「Product attachment and replacement: Implications for sustainable design」, *International Journal of Sustainable Design,* 2(3), 265—281.

Papadimitriou, D., Apostolopoulou, A., & Kaplanidou, K.(2015), 「Destination personality, affective image, and behavioral intentions in domestic urban tourism」, *Journal of Travel Research,* 54(3), 302—315.

Park, S. H., & Hsieh, C. M., & Lee, C. K.(2017), 「Examining Chinese college students' intention to travel to Japan using the extended theory of planned behavior: Testing destination image and the mediating role of travel constraints」, *Journal of Travel & Tourism Marketing*, 34, 113—131.

Parker, D., Manstead, A. S. R., & Stradling, S. G.(1995), 「Extending the theory of planned behaviour: The role of personal norm」, *British Journal of Social Psychology*, 34, 127—137.

Perugini, M., & Bagozzi, R. P.(2001), 「The role of desires and anticipated emotions in goal-directed behaviours: Broadening and deepening the theory of planned behaviour」, *British Journal of Social Psychology*, 40(1), 79—98.

Perugini, M., & Bagozzi, R. P.(2004), 「The distinction between desires and intentions」, *European Journal of Social Psychology*, 34(1), 69—84.

Phillips, W. J., & Jang, S. S.(2008), 「Tourism analysis: Destination image and tourist attitude Cognizant Communication Corporation」, *Tourism Analysis*, 13(4), 401—411.

Pretty, G. H., Chipuer, H. M., & Bramston, P.(2003), 「Sense of place amongst adolescents and adults in two rural Australian towns: The discriminating features of place attachment, sense of community and place dependence in relation to place identity」, *Journal of Environmental Psychology*, 23, 273—287.

Pierro, A., Manetti, L., & Livi, S.(2003), 「Self-identity and the theory of planned behavior in the prediction of health behavior and leisure activity」, *Self and Identity*, 2(1), 47—60.

Prayagl, G., & Ryan, C.(2012), 「Antecedents of tourists' loyalty to mauritius: The role and influence of destination image, place attachment, personal involvement, and satisfaction」, *Journal of Travel Research*, 51(3) 342—356.

Ramkissoon, H.(2015), 「Authenticity, satisfaction, and place attachment: A conceptual framework for cultural tourism in African island economies」, *Development Southern Africa*, 32(3), 292—302.

Relph, E.(1976), 「*Place and Placelessness*」, London: Pion.

Richetin, J., Perugini, M., Adjali, I., & Hurling, R.(2008), 「Comparing leading theoretical models of behavioral predictions and post-behavior evaluations」,

Psychology & Marketing, 25(12), 1131—1150.

Song, H., You, G. J., Reisinger, Y., Lee, C. K., & Lee, S. K.(2014), 「Behavioral intention of visitors to an Oriental medicine festival: An extended model of goal directed behavior」, *Tourism Management,* 42(6), 101—113.

Song, H. S., Lee, C. K., Reisinger, Y., & Xu, H. L.(2016), 「The role of visa exemption in Chinese tourists' decision-making: A model of goal-directed behavior」, *Journal of Travel & Tourism Marketing,* 34(5), 1—14.

Song, H. J., Lee, C. K., Kang, S. K., & Boo, S. J.(2012), 「The effect of environmentally friendly perceptions on festival visitors' decision-making process using an extended model of goal-directed behaviour」, *Tourism Management,* 33(6), 1417—1428.

Song, H. J., Lee, C. K., Norman, W. C., & Han, H.(2012), 「The Role of responsible gambling strategy in forming behavioral intention: An application of a model of goal-directed behavior」, *Journal of Travel Research,* 51(4) 512—523.

Su, L. J., & He, X. H.(2015), 「The definition, composition, characteristics and formation process of tourism destination image (TDI): Based on foreign literatures」, *Tourism Science,* 29(3), 80—94.

Tsai, S. P.(2012), 「Place attachment and tourism marketing: Investigating international tourists in Singapore」, *International Journal of Tourism Research,* 14, 139—152.

Tuan, Y. F.(1977), 「*Space and place: the perspective of experience*」, Minneapolis: University of Minnesota Press.

Um, S., & Crompton, J. L.(1999), 「*The roles of image and perceived constraints at different stages in the tourist's destination decision process*」, In A. Pizam & Y. Mansfeld (Eds.), Consumer behavior in travel and tourism (pp. 81—102). New York, NY: Haworth Press.

UNWTO tourism sustainability indicators of national symposium: Guilin (Yangshuo) declaration, 2005.

http://www.yangshuo.gov.cn/jrys/shdt/200508/t20050805_313498.htm

Veasna, S., Wu, W. Y., & Huang, C. H.(2013), 「The impact of destination source credibility on destination satisfaction: The mediating effects of destination attachment and destination image」, *Tourism Management*. 36, 511—526.

Wang, S. S.(2003), 「*An image study of Oklahoma as an international travel destination*」, Oklahoma State University.

Williams, D. R., & Roggenbuck, J. W.(1989), 「*Measuring place attachment: Some preliminary result*. P. 32 in Abstracts of the 1989 Symp. on Leisure Research 」, National Recreation and Park Assoc., Alexandria, VA.

Williams, D. R., Patterson, M. E., & Roggenbuck, J. W.(1992), 「Beyond the commodity metaphor: Examining emotional and symbolic attachment to place」, *Leisure Sciences*, 14, 29—46.

Williams, D. R., & Vaske, J. J.(2003), 「The measurement of place attachment: Validity and generalizability of psychometric approach」, *Forest Science*, 49(6), 830—840.

Zhang, W. J.(2014), 「Study on the life cycle of the tourist destination "definition" and "redefinition" : A case study of Guilin」, *Tourism Forum*, 7(3), 13—20.

Zint, M.(2002), 「Comparing three attitude-behavior theories for predicting science teachers' intentions」, *Journal of Research in Science Teaching*, 39(9), 819—844.

Ajzen, I., & Fishbein, M.(1975), 「A Bayesian analysis of attribution processes」, Psychological Bulletin, 82(2), 261.

Ajzen, I., & Fishbein, M.(1980), 「Understanding attitudes and predicting social behaviour」, citeulike.org

Ajzen, I., & Fishbein, M.(2000), 「Attitudes and the attitude-behavior relation: Reasoned and automatic processes」, *European Review of Social Psychology*, 11(1), 1—33.

Ajzen, I.(1991), 「The theory of planned behavior」, *Organizational Behavior and Human Decision processes*, 50(2), 179—211.

Assael, H.(1995), 「*Consumer Behavior and Marketing Action*, Cincinnati: South-Western College」.

White Baker, E., Al-Gahtani, S. S., & Hubona, G. S.(2007), 「The effects of gender and age on new technology implementation in a developing country: Testing the theory of planned behavior (TPB)」, *Information Technology &*

People, 20(4), 352—375.

Kim, M. K., & Noh, J. H.(2004), 「Prediction of travel abroad: A comparison of the theory of reasoned action and planned behavior」, *International Journal of Tourism Sciences*, 4(1), 1—16.

Norman, P., & Smith, L.(1995), 「The theory of planned behaviour and exercise: An investigation into the role of prior behaviour, behavioural intentions and attitude variability」, *European Journal of Social Psychology*, 25(4), 403—415.

Sarnoff, I.(1960), 「Psychoanalytic theory and social attitudes, *Public Opinion Quarterly*」, 24(2), 251—279.

Sparks, B.(2007), 「Planning a wine tourism vacation? Factors that help to predict tourist behavioural intentions」, *Tourism Management,* 28(5), 1180—1192.

Tonglet, M,. Philips, P. S,. & Read, A. D.(2004), 「Using the Theory of planned behavior to investigate the determinants of recycling behaviour: a case study from Brixworth」, *UK*, (41)3, 191—214.

Warburton, J., & Terry, D. J.(2000), 「Volunteer decision making by older people: A test of a revised theory of planned behavior」, *Basic and Applied Social Psychology*, 22(3), 245—257.

Yoh, E.(1999), 「*Consumer Adoption of the Internet for Apparel Shopping*」, https://lib.dr.iastate.edu/cgi/viewcontent.cgi?article=13628&context=rtd.

[7] 沈杰, 王詠, 2010. 品牌社区的形成与发展：社会认同和计划行为理论的视角[J]. 心理科学进展, 2010, 18(6): 1018—1024.

[8] 纪春礼, 聂元昆.中国游客博彩消费行为意向及其影响因素—基于MGB理论的实证检验[J].旅游学刊, 2017, 32(7)：37—46.

[9] HAN H, HSU L T, SHEU C. Application of the theory of planned behavior to green hotel choice: Testing the effect of environmental friendly activities[J].Tourism management, 2010, 31: 325—334, 326.

〈부록1〉 국문 설문지

※ **ID NO.** ☐ ☐ ☐

계림 방문 관광객 설문조사

> 안녕하십니까?
> 본 설문조사는 계림에 대한 관광객들의 행동의도를 알아보기 위해
> 실시하고 있습니다.
> 설문의 내용에는 정답이 없으므로 생각하신 대로 빠짐없이 답해주시기를
> 부탁드립니다.
> 본 설문자료는 학술자료로만 이용됩니다.
> 다시 한 번 설문에 응답해주셔서 대단히 감사합니다.
>
> 조사자: 김미란 경희대학교 박사과정

1. 귀하께서는 지난 3년 동안 계림을 몇 회 방문하셨습니까?

(이번 포함) (　　　)회

2. 귀하의 동반자 형태는?

☐① 가족　　☐② 친구/애인　☐③ 혼자　☐④ 여행사　☐⑤ 기타

3 귀하께서 계림을 방문한 이유는 무엇입니까? (다중응답)

☐① 여가　　　☐② 친구 방문　☐③ 비즈니스
☐④ 건강　　　☐⑤ 회의　　　☐⑥ 음식　　　☐⑦ 기타

4. 다음은 계림에 대한 귀하의 '관광지 이미지'를 알아보고자 하는 항목들입니다. 각 항목에 대해 가장 적합하다고 생각하는 점수에 표시(✔)해 주십시오.

인지적 이미지	전혀 그렇지 않다	그렇지 않다	그저 그렇다	그렇다	매우 그렇다
계림은 생태환경을 잘 보존하고 있다.	①	②	③	④	⑤
계림에서 자연을 느낄 수 있다.	①	②	③	④	⑤
계림에는 재미있는 문화/역사 매력물이 있다.	①	②	③	④	⑤
계림에는 아름다운 환경과 자연 매력물이 있다.	①	②	③	④	⑤

정서적 이미지					
졸린	①	②	③	④	⑤	자극적인
우울한	①	②	③	④	⑤	흥분한
불쾌한	①	②	③	④	⑤	쾌적한
괴로운	①	②	③	④	⑤	편안한

5. 다음은 계림방문에 대한 귀하의 '장소애착'을 알아보고자 하는 항목들입니다. 각 항목에 대해 가장 적합하다고 생각하는 점수에 표시(✔)해 주십시오.

장소의존성	전혀 그렇지 않다	그렇지 않다	그저 그렇다	그렇다	매우 그렇다
계림은 관광목적으로는 최고의 장소이다.	①	②	③	④	⑤
관광활동을 계림에서 하는 것이 다른 관광지에서 하는 것 보다 더 중요하다.	①	②	③	④	⑤
계림은 관광목적지로서 다른 장소보다 더 나은 장소를 상상할 수 없다.	①	②	③	④	⑤

장소정체성	전혀 그렇지 않다	그렇지 않다	그저 그렇다	그렇 다	매우 그렇다
계림은 나에게 매우 특별하다.	①	②	③	④	⑤
나는 계림에 대한 강한 동질감을 느낀다.	①	②	③	④	⑤
계림은 나에게 많은 것을 의미한다.	①	②	③	④	⑤

6. 다음은 계림방문에 대한 귀하의 '태도'를 알아보고자 하는 항목들입니다. 각 항목에 대해 가장 적합하다고 생각하는 점수에 표시(✔)해 주십시오.

태도	전혀 그렇지 않다	그렇지 않다	그저 그렇다	그렇 다	매우 그렇다
계림 방문은 긍정적인 행동이다	①	②	③	④	⑤
계림방문은 가치 있는 행동이다.	①	②	③	④	⑤
계림 방문은 유익한 행동이다.	①	②	③	④	⑤

7. 다음은 계림방문에 대한 귀하의 '주관적 규범'을 알아보고자 하는 항목들입니다. 각 항목에 대해 가장 적합하다고 생각하는 점수에 표시(✔)해 주십시오.

주관적 규범	전혀 그렇지 않다	그렇지 않다	그저 그렇다	그렇 다	매우 그렇다
나에게 중요한 사람들은 내가 계림을 방문하는 것을 동의할 것이다.	①	②	③	④	⑤
나에게 중요한 사람들은 내가 계림을 방문하는 것을 지지할 것이다.	①	②	③	④	⑤

나에게 중요한 사람들은 내가 계림을 방문하는 것을 이해할 것이다.	①	②	③	④	⑤

8. 다음은 계림방문에 대한 귀하의 '예기정서'를 알아보고자 하는 항목들입니다. 각 항목에 대해 가장 적합하다고 생각하는 점수에 표시(✔)해 주십시오.

긍정적 예기정서	전혀 그렇지 않다	그렇지 않다	그저 그렇다	그렇다	매우 그렇다
계림을 다시 방문한다면, 나는 마음이 들뜰 것이다.	①	②	③	④	⑤
계림을 다시 방문한다면, 나는 기쁠 것이다.	①	②	③	④	⑤
계림을 다시 방문한다면, 나는 만족할 것이다.	①	②	③	④	⑤
계림을 다시 방문한다면, 나는 행복할 것이다.	①	②	③	④	⑤
부정적 예기정서	전혀 그렇지 않다	그렇지 않다	그저 그렇다	그렇다	매우 그렇다
계림을 다시 방문하지 못한다면, 나는 화가 날 것이다.	①	②	③	④	⑤
계림을 다시 방문 하지 못한다면, 나는 실망할 것이다.	①	②	③	④	⑤
계림을 다시 방문하지 못한다면, 나는 걱정될 것이다.	①	②	③	④	⑤
계림을 다시 방문하지 못한다면, 나는 슬플 것이다.	①	②	③	④	⑤

9. 다음은 계림방문에 대한 귀하의'자각된 행동통제'를 알아보고자 하는 항목들입니다. 각 항목에 대해 가장 적합하다고 생각하는 점수에 표시(✔)해 주십시오.

지각된 행동통제	전혀 그렇지 않다	그렇지 않다	그저 그렇다	그렇 다	매우 그렇다
내가 원하면 계림을 언제든지 방문할 수 있다.	①	②	③	④	⑤
나는 계림을 방문 할 수 있는 여유가 있다.	①	②	③	④	⑤
나는 계림을 방문 할 수 있는 시간이 가지고 있다.	①	②	③	④	⑤

10. 다음은 계림방문에 대한 귀하의 '열망'을 알아보고자 하는 항목들입니다. 각 항목에 대해 가장 적합하다고 생각하는 점수에 표시(✔)해 주십시오.

열망	전혀 그렇지 않다	그렇지 않다	그저 그렇다	그렇 다	매우 그렇다
나는 가까운 미래에 계림을 다시 방문하고 싶다.	①	②	③	④	⑤
계림 재방문에 대한 나의 바람은 열정적이다.	①	②	③	④	⑤
나는 가까운 미래에 계림을 다시 방문하기를 희망한다.	①	②	③	④	⑤
나는 가까운 미래에 계림을 다시 방문하기를 열망한다.	①	②	③	④	⑤

11. 다음은 계림방문에 대한 귀하의 '행동의도'를 알아보고자 하는 항목들입니다. 각 항목에 대해 가장 적합하다고 생각하는 점수에 표시(✔)해 주십시오.

행동의도	전혀 그렇지 않다	그렇지 않다	그저 그렇다	그렇다	매우 그렇다
나는 가까운 미래에 계림을 다시 방문할 계획이 있다.	①	②	③	④	⑤
나는 가까운 미래에 계림을 다시 방문하기 위해 노력할 것이다	①	②	③	④	⑤
나는 가까운 미래에 계림을 다시 방문할 의도가 있다.	①	②	③	④	⑤
나는 가까운 미래에 계림 방문을 위해 금전과 시간을 투자할 용의가 있다.	①	②	③	④	⑤

※ 일반사항에 관한 질문입니다.

A. 귀하의 성별은?   ▢① 남성 ▢② 여성

B. 귀하의 최종학력은?
   ▢① 고졸 이하   ▢② 전문대   ▢③ 대학교   ▢④ 대학원

C. 귀하의 월평균 소득은?
   내국관광객(위안):
   ▢① 5000 미만   ▢② 5001~10000   ▢③ 10000 이상

외국관광객(달러):

□ ① 2000 미만   □ ② 2001~2999   □ ③ 3000~3999

□ ④ 4000

D. 귀하의 연령은? (   ) 세

☻☺ 응답해 주서서 대단히 감사합니다. ☺☻

※ **ID NO.** [ ][ ]

Visitor's Survey on Guilin Tourism

Dear Visitors:

Thank you for your participation in this survey. The purpose of this survey is to determine how foreign visitors choose to visit Guilin. There are no right or wrong answers in this questionnaire. The information collected for this study is kept entirely confidential. And the results of this survey are used solely for the purpose of academic research, not for any commercial usage. If you have any questions concerning the study, please contact the researchers listed bellow.

---

1. How many times have you visited Guilin? _____ times? (if you are first time here please insert 1)

2. Who do you accompany to visit Guilin?

   □ ① Families/Relatives   □ ② Friends/Lovers   □ ③ No accompanies

   □ ④ Tour group   □ ⑤ Others

3. Why do you come to visit Guilin? (Multiple choice)

□ ① recreation/vacation □ ② visiting friends/relatives

□ ③ business □ ④ health/medication

□ ⑤ conference/fai □ ⑥ gourmet food □ ⑦ others

Section 1: Your impressions on the image of Guilin.

Please check the numbers that properly represent your ideas.

Cognitiveimage(environment)	Strongly Disagree	Disagree	Neutral	Agree	Strongly Agree
Unpolluted/Unspoiled environment	①	②	③	④	⑤
Feel the nature of environment	①	②	③	④	⑤
Beautiful scenery/natural attractions	①	②	③	④	⑤
Interesting cultural/historical attractions	①	②	③	④	⑤

Affective image						
Sleepy	①	②	③	④	⑤	Arousing
Gloomy	①	②	③	④	⑤	Exciting
Unpleasant	①	②	③	④	⑤	Pleasant
Distressing	①	②	③	④	⑤	Relaxing

Section 2: Your sense of Guilin.

Please check the numbers that properly represent your ideas.

Place dependence	Strongly Disagree	Disagree	Neutral	Agree	Strongly Agree
I enjoy visiting Guilin and its environment more than any other destination.	①	②	③	④	⑤

	Strongly Disagree	Disagree	Neutral	Agree	Strongly Agree
For the recreation/leisure activities, Guilin is the best.	①	②	③	④	⑤
Doing leisure activities in Guilin is more important than in any other place.	①	②	③	④	⑤

Place identity	Strongly Disagree	Disagree	Neutral	Agree	Strongly Agree
To me, Guilin is a special destination.	①	②	③	④	⑤
I identify strongly with Guilin.	①	②	③	④	⑤
I feel a strong sense of belonging to Guilin.	①	②	③	④	⑤

Section 3. Your attitude. Please check the numbers that properly represent your ideas.

Attitude	Strongly Disagree	Disagree	Neutral	Agree	Strongly Agree
I think visiting Guilin is a positive behavior.	①	②	③	④	⑤
I think visiting Guilin is a valuable behavior.	①	②	③	④	⑤
I think visiting Guilin is a beneficial behavior.	①	②	③	④	⑤
I think visiting Guilin is a necessary behavior.	①	②	③	④	⑤

Section 4. Your subject norm. Please check the numbers that properly represent your ideas.

Subject norm	Strongly Disagree	Disagree	Neutral	Agree	Strongly Agree
Most people who are important to me agree with that I visit Guilin.	①	②	③	④	⑤
Most people who are important to me support that I visit Guilin.	①	②	③	④	⑤

Most people who are important to me understand that I visit Guilin.	①	②	③	④	⑤
Most people who are important to me recommend that I visit Guilin.	①	②	③	④	⑤

Section 5. Your emotion. Please check the numbers that properly represent your ideas.

Positive anticipated emotion	Strongly Disagree	Disagree	Neutral	Agree	Strongly Agree
If I revisit Guilin, I will be excited.	①	②	③	④	⑤
If I revisit Guilin, I will be glad.	①	②	③	④	⑤
If I revisit Guilin, I will be satisfied.	①	②	③	④	⑤
If I revisit Guilin, I will be happy.	①	②	③	④	⑤

Negative anticipated emotion	Strongly Disagree	Disagree	Neutral	Agree	Strongly Agree
If I can't revisit Guilin, I will be angry.	①	②	③	④	⑤
If I can't revisit Guilin, I will be disappointed.	①	②	③	④	⑤
If I can't revisit Guilin, I will be worried.	①	②	③	④	⑤
If I can't revisit Guilin, I will be sad.	①	②	③	④	⑤

Section 6. Your behaviors. Please check the numbers that properly represent your ideas.

Perceived behavioral control	Strongly Disagree	Disagree	Neutral	Agree	Strongly Agree
I am confident that if I want, I can visit Guilin.	①	②	③	④	⑤
I am capable of visiting Guilin.	①	②	③	④	⑤

I have enough resources (money) to visit Guilin.	①	②	③	④	⑤
I have enough time to visit Guilin.	①	②	③	④	⑤

Desire	Strongly Disagree	Disagree	Neutral	Agree	Strongly Agree
I would like to revisit Guilin.	①	②	③	④	⑤
I want to have fun when I revisit Guilin.	①	②	③	④	⑤
I hope to revisit Guilin.	①	②	③	④	⑤
I want to experience an unforgettable memory when I revisit Guilin.	①	②	③	④	⑤

Behavior intention	Strongly Disagree	Disagree	Neutral	Agree	Strongly Agree
I will make an effort to revisit Guilin in the near future.	①	②	③	④	⑤
I have an intention to revisit Guilin.	①	②	③	④	⑤
I am willing to revisit Guilin.	①	②	③	④	⑤
I am willing to spend time and money to revisit Guilin.	①	②	③	④	⑤

※ Demographic Information

1. Gender   □ ① Male   □ ② Female

2. Age   □ ①20below   □ ② 20－29   □ ③ 30－39   □ ④ 40－49
     □ ⑤ 50－59   □ ⑥ 60above

3. Education   □① High school and under   □②College

                 □③ University   □④ Post graduate

4. Income   □① 2000 below   □② 2001—2499

            □③ 2500—2999   □④ 3000—3499

            □⑤ 3500—3999   □⑥ 4000above

☻☺ Thank you for your participation ☺☻

┃ 지은이 김미란金美兰

중국 조선족
1982년 10월 흑룡강 출생
경희대학교 관광대학원 박사 졸업
桂林旅游学院 부교수
桂林旅游学院 경영학원 부원장.

주요 실적
「광서관광지의 이미지가 아세안 관광객들의 방문 행동에 대한 영향」 외 2
건(광서성 프로젝트)

주요 논문
SSCI: Estimating the Preservation Value of World Heritage Site Using
Contingent Valuation Method: The Case of the Li River, China
KCI: The Influence of Festival Perception on Tourism Destination Residents'
Sense of Place and Environmentally Responsible Behavior: The Case of China's
CCTV Spring Festival Gala, Journal of Tourism Leisure & Research
KCI: The effect of attachment to Hallyu on Chinese tourists to revisit and to
recommend Korea based on transfer theory, International Journal of Tourism
and Hospitality Research

관광객 방문의사결정과정 연구

중국 계림(桂林)을 중심으로

초판 1쇄 인쇄일	2019년 7월 5일
초판 1쇄 발행일	2019년 7월 12일

지은이	金美쁘
펴낸이	정진이
편집장	김효은
편집/디자인	우정민 우민지
마케팅	정찬용 최재희
영업관리	한선희 정구형
책임편집	우민지
인쇄처	제삼인쇄
펴낸곳	국학자료원 새미(주)
	등록일 2005 03 15 제25100−2005−000008호
	경기도 파주시 소라지로 228-2 (송촌동 579-4)
	Tel 442−4623 Fax 6499−3082
	www.kookhak.co.kr
	kookhak2001@hanmail.net

ISBN	979-11-89817-21-3 *93320
가격	21,000원